魔法的な臨在 (The Magic Presence)

明かされた秘密

ゴッドフリー・レイ・キング 著

八重樫 克彦・由貴子 訳

ナチュラルスピリット

謝辞

この惑星地球を導き、守り、光を広めるために力を尽くしてきた偉大なるアセンデッド・マスターたちの命で、幾世紀にもわたって中東で育まれ、受け継がれてきた大いなる叡智が、アメリカにもたらされる時が到来した。

本書に登場するアセンデッド・マスター・サン・ジェルマン（セント・ジャーメイン）は、この惑星地球を統率するアセンデッド・マスター集団から派遣された、宇宙の偉大な存在の一人である。

アセンデッド・マスター・サン・ジェルマンとは、革命前後のフランス宮廷で活躍し、神と思しきその卓越した力から「驚異の男」の異名をとったサン・ジェルマン伯爵その人だ。革命当時、彼の忠告に真剣に耳を傾けていたなら、その後の数々の悲劇は回避されていたに違いない。

地球におけるマスター・サン・ジェルマンの任務の大部分は、今後、私たちが突入する黄金時代に向けて、地球上の一人ひとりが「光の杯」の保有者となれるよう、人類を見守り、浄化し、光を注ぐことにあてられているが、とりわけこのマスターは、アメリカの過去・現在・未来と密接なつながりを持っている。

建国当初のアメリカに満ち溢れていた自由の精神は、当時の指導者たちを導き、支え、守ってきた、彼の不屈の尽力によるところが大きい。アメリカ独立宣言の草稿も、直接的な彼の助言と影響の下で作成されたものである。ワシントンやリンカーンが苦難に直面した時期に、彼らを支えたのもサン・ジェルマンの愛と庇護、指導だった。

光と解放のために根気強く努力する、この愛すべき人類の兄弟は、現在もなおアメリカの幸福に有益な変化を起こすべく政界に働きかけている。近い将来、人々はこの偉大なるアセンデッド・マスターにどれだけ負うところが多かったかを思い知ることだろう。彼は深い慈愛と従順な姿勢、理想への奉仕なくしては成し遂げられない任務を果たしている。

本書を読み、彼の活動を深く知れば、彼に対する愛情が芽生え、接点が生まれる。それは、読者の人生に確固たる力をもたらすに違いない。それぞれの物語からは、アセンデッド・マスター（本書の場合は、他でもない「愛すべき光の使者」サン・ジェルマン）にしか放射できない光が発せられているからである。

目次

まえがき

本書で語られる出来事は、幸運にもマスター・サン・ジェルマンの支援による私自身の体験であり、その公表をマスターは快諾してくれた。これまで私を支えてくれた、彼をはじめとするマスターたちへの愛と感謝の念は計り知れないものである。

ただし、サン・ジェルマンからの厳命で、彼以外のマスターの名前と正確な場所は伏せてある。理由は言うまでもない。目に見える具体的なかたちで彼らと対面し、ともに行動する権利は、真の愛に基づく奉仕の精神とマスターたちからの直接の招きがあって初めてもたらされる。それらがないまま彼らとの接触を試みても、失敗に終わるのが落ちである。これは幾世紀にもわたって彼らを守ってきた偉大なる「存在」と力が、いまなお彼らを守っているからだ。

アセンデッド・マスターの活動に協力し参加するパスポートは、内面の純粋さだけである。意識的に努力して自分自身の弱さを克服できたなら、この広大な宇宙においてマスターたちとの対面を妨げるものは何もない。

大いなる白色同胞団《グレート・ホワイト・ブラザーフッド》が地球に到来して以来、人類の解放のために奉仕する、アセンデッド・

マスターたちの最古の拠点の一つが、アメリカにはある。本書にはそこでの活動のいくつかを紹介しておく。読者に準備が整い、自身の光と輝ける神の強力な源から流れ出る大いなる光を通して、意識的にマスターたちと接触できるようになったとき、再び古代の叡智の泉からその光を、愛、平和、力の杯に注いで兄弟たちにも運べるようになるためだ。

本書を一般読者に公開する目的は、現在私たちが迎えている移行期において一人ひとりに勇気と力を伝え、来るべき時代が築かれる、健全かつ強固な礎《いしずえ》の何たるかを明かすことである。

この本はカリフォルニア州サンノゼにそびえる雄大なシャスタ山のふもとで書かれた。山頂は「永遠の光」を象徴する、純白の光輝く万年雪に覆われている。各ページには私がどのようにして愛すべきマスター・サン・ジェルマンや他の偉大なるアセンデッド・マスターたちと出会ったか、彼らが人類に協力して、どれだけ地球の平和、愛、永遠なる完全性のために尽力してくれているか……といったことが綴られている。

これらの体験をしている間、私は生命の揺るがぬ真実を見たい、聞きたい、知りたいという願いに駆られていた。そうして少しずつ自分の内に宿る「大いなる存在」「地上に生まれたすべての人間を照らす光」「キリスト」と呼ばれるものを認識し、受け入れ、自分のものにしていった。この「光」や遍在する全知全能の存在、その絶対確実な活動との接し方についても明かしてある。

記録できたのは、自分の身に起こった出来事や、受けた教えのほんの一部にすぎない。私の願いは順次叶えられていったが、それは私利私欲に基づくものでなかったからだろう。真理と幸せの探求は長い努力の道のりだったが、それらを手にしたいま、私から奪い取れるものはない。それらは永遠で、私自身の神的存在、内なる神に由来するからだ。

私の体験を紹介するにあたり、読者が真理の道を歩む途上で、「光」を受け、祝福されるよう深い祈りを捧げたい。それが永遠の幸せに至る唯一の道であり、「光」を追い求める者だけが、真の平和を見いだし、愛の奉仕に基づく活動に協賛することができる。本書を世に出すことで、これまで私が受けてきた愛、光、幸福の一部でも伝えられたなら、著者としてそれほど嬉しいことはない。

「事実は小説よりも奇なり」というが、本書もそれに該当する。受け入れるか否かは、読者の判断にお任せしたいが、私がお世話になったアセンデッド・マスターたちからは、しばしばこう言われている。

「より多くの人間が我々の存在を認められるようになれば、扉はさらに大きく開かれ、我々はますます人類に貢献できるようになる。だが、我々の存在という真実をどんなに否定し、拒絶しても、この宇宙における活動から我々を排除することはできない」

ここに叙述された真実を受け入れられる人には、これまでにない強力な「力」が人生に流れ込んでくるに違いない。印刷された一冊一冊には、「大いなる存在」とそこから放たれる光、支える力が宿っている。真摯にページに向き合い、誠実な心で根気よく読み込めば、「大いなる存在」とその力を知り、それらの現実に触れることができるだろう。

繰り返しになるがいま一度、これらの体験が真実であることを読者に断言しておきたい。地上に暮らす人間たちと同様に、彼らは実在する。すべてはアメリカ・カリフォルニア州シャスタ山にて、一九三〇年八月から十月にかけて起こった出来事だ。

ゴッドフリー・レイ・キング

1章　マスターとの出会い

西の空を背にそびえるシャスタ山。群生するマツやモミに裾野を縁取られたその姿は、緑地にはめ込まれた金銀細工の上でダイヤモンドの輝きを見せる白い宝石のようだ。純白の雪に覆われた山頂は、きらめきながら刻一刻とその色合いを変化させ、黄昏時には暮れなずむ空に長大なシルエットを映している。

噂によると、そこにはシャスタ山同胞団と呼ばれる神のごとき者たちの集団がいる。大いなる白色同胞団《グレート・ホワイト・ブラザーフッド》の支部で、拠点は太古から現在まで存続しているとのことだ。

当時、政府関係の仕事で山麓の小さな町に派遣されていた私は、期間中、余暇の時間をその同胞団に関する噂の真相究明に費やしていた。かつて中東を旅した経験から、地域に伝わる神話や伝説、噂などの根底には何らかの真実があると考えていた。真に人生を探求する者にしか見抜けない何か、と言い換えてもいい。

最初の瞬間からシャスタ山には心を奪われた。毎朝その雄姿を拝んでは、自然と山の霊やおそらくは存在しているであろう同胞団の面々に頭を下げていた。しばしば山全体から尋常ではない雰囲気を感じていたからだが、その後の数々の体験を思えば、私の予感はさほど外れていなかったといえるだろう。

仕事上で何か重要な決断を迫られるたび、長時間山歩きをするのがすっかり習慣化した。広大な自然を前にすると、気も紛れ、心も体も癒される。ひとたび平穏に浸ったあとには、活力がみなぎってくるからだ。

そんなわけで私はせっせと山を歩き続けた。山の奥深くまで足を踏み入れてみたい、単に純粋な喜びから自分はそうしているのだと思い込んで。ところが、ある日の出来事を境に私の人生は劇的に変化した。まるで見知らぬ星に放り込まれたような気分だった。そんなことさえなければ、私は何事もなく以前の暮らしに戻っていただろう。

運命を変えるきっかけとなったその日、夜明けとともに宿舎にしているロッジを出て、特にあてもなく道を歩き始めた。心の中でおぼろげに、自分の進むべき道を示してほしいと神に求めながら。正午近くには山腹の高みに達し、そこから臨む南側の美しい風景に見入っていた。昼過ぎになると次第に気温も上がってきたので、何度か足を止めては休息がてら眼下に広がるマッククラウドリバー渓谷と町を見やった。やがて昼食の時間になり、私はグラスを片手に湧き水を探した。いざ水を飲もうと身をかがめた瞬間、全身に電流が走る感覚に襲われた。

　不思議に思って振り向くと、後ろに若い男性が立っている。当初は私と同じハイカーだと思ったが、よくよく見ると、どこか普通の人とは違っているような……そう感じた途端、彼は屈託のない笑顔を見せ、私に話しかけてきた。

「ちょっとそのグラスを貸してみて。湧き水より爽やかな飲み物を入れてあげよう」

　言われるままに手渡すと、空のグラスがあっという間にクリーム状の液体で満たされた。

　私はさぞかし驚いた表情をしていたに違いない。

「さあ、どうぞ」

　差し出された飲み物を飲んだ。得も言われぬおいしさ。瞬く間に身も心も生気に満たされ、感嘆の声が漏れた。グラスに何も注いでいないのに。いったいどういうことなんだ？　私の疑問を見透かしたかのように彼は言った。

「たったいま君が飲んだものは、宇宙空間から直接取り出した。生命のように純粋かつ活力に満ちたもの、要するに生命そのものだ。遍在する生命――生命は身の回りのあらゆるものに存在する。それらを心から愛すれば、我々の願いに従ってくれる。宇宙は愛に基づく願いには例外なく応じるからだ。愛によって私が願い、命じたことは顕在化する。さっきの飲み物も、君のためにと願って、現れたものだ。たとえば……金を使いたいと思って、こんな具合に手を伸ばすと……ほら」

言うが早いか、彼の手のひらに十ドル金貨ほどの大きさの円い金が出現した。

「君は大いなる法則についてはある程度、内面で理解しているが、宇宙の無尽蔵の供給源から自分が望むものを直接得る方法、光の降雨のことはわかっていないようだな。君はこれまで多大な決意と誠実な思いで、この手の現象を証明したいと考えてきた。その目で確かめたいま、否定はできないだろう。

とはいえ、光の降雨は神の偉大なる真理の中でもさほど重要でない活動の一つだがね。いずれにせよ、君の願いがエゴイズムや見せかけの現実への憧れによるならば、このような体験には至らなかっただろう。今朝、出がけに君は、いつものように散歩に行くと思っていた。それは君の心が考えていた外界での活動とずれてはいない。だが実際には心のもっと深いところにある大きな意識で、内なる神からもたらされた衝動に従い、たっての願いを実現する場所、状況、相手を求めてやってきた。

君が望むものは必ず宇宙のどこかに現れる。それが生命の真理だ。願う思いが強ければ強いほど、成し遂げられる時期も早くなる。ただし、同じ神の子である他の人々や神の創造物が損なわれるのを願うような馬鹿げた行為に及んだ者は、その罰金を自分自身の人生経験のどこかで不和や失敗として払わされるだろう。

願いを完全に実現したければ、個々の人間に対する神の意図が、善と完璧さに満ちていることを忘れてはならない。神は世界を完璧なものに創造し、子どもたちにも自分と同じ力を授けられた。本来、人間も完璧なものを創造し維持できる。神の支配を地上で表現していかれるはずなのだ。人間は父なる神の似姿に創られたのだから。そうならないのは、一人ひとりが自分に授けられた神の権限を正しく使って自分の世界を統治していないからだ。そんなことでは万物に平和も祝福も注がれず、神の愛の法則も果たされはしない。

その原因は、人間自身が自らの内に最も崇高な生ける神を宿していること、それを永久に意識していなければならないことを、知りも認めもしないところにある。現在という見せかけの時間、空間、行動の限界に囚《とら》われてしまっている。まるである物を必要としているくせに、提供しようとする相手を拒絶する人のように。そんな調子でどうやって恩恵を享受できる？

残念ながら現在の人類の意識はそのような状況だ。自分の内なる神が支配者、贈り主で、個々の人生や世界に訪れるあらゆる善の行為者であることを受け入れるまでは、その意識のままで居続けるだろう。

一人ひとりの自己が、人間の行為あるいは意識の外界に向けた活動というのは、何一つ自分のものではないことを認めなければならない。完全かつ無条件に。個人が発するエネルギーは内なる神によるものだ。

内なる神への愛と称賛、絶え間ない配慮を、自分が正しい意図で使うために望むもの、たとえば真理、健康、自由、平和、驚異などに集中させ、思いと感情をねばり強く意識に保ち続ければ、宇宙において大いなる引き寄せの法則が働き、必要とする場所に顕在化するはずだ。『心に思い、感じたものは形になる』は、生命の永遠の法則である。その人の思考あるところにその人あり。その人のためにその人の意識はあり。その人が思い描いたとおりにその人はなる。

憎しみや非難、批判、妬み、羨望、恐れ、疑念、好色といった思いを絶えず内に抱いて、それらの思考や感情がいら立ちを生み出すままにしていると、確実に本人の心身や状況に不和や失敗、災難をもたらす。その対象が国家であっても、個人であっても、場所や状態、物体であってもね。ネガティブな思考に焦点を合わせたことで、心や体、物事を構成する物質に吸収されてしまう。そうなるとその人のネガティブな傾向はますます強まって、同じような性質を持つものをどんどん引き寄せるようになる。

調和を欠いたネガティブな事柄は、思考や感情を介してその人やその人の世界に入ってくる。外的意識《アウターマインド》で知覚して自分で制御する前に、無意識に取り入れてしまうこともある。習慣によって内面に溜まった負の堆積物には、それぐらい強い吸引力がある。

人間は知覚にあまりにも無頓着だが、思考を『物』に変えるのは知覚によって蓄積されたエネルギーだ。だからこそ感情には注意を払い、高ぶらせないよう気をつける必要がある。精神のバランスを保つにも、体の健康状態を維持するにも、あるいは社会で成功するにも、感情のコントロールが最も重要だからだ。それに思考は感情に裏打ちされて初めて物質化することも覚えておいてほしい。

聖霊とは生命である神の感情面で、神の愛もしくは神の母性の活動だ。そのため聖霊を冒瀆《ぼうとく》すると苦悩がもたらされるといわれる。感情面に生じる不和は何であれ、バランス、調和、完全性の法則である愛の法則を損なうからだ。

愛の法則に背く、この宇宙における最悪の罪を人間は犯し続け、怒りなどの破壊的な感情を絶えず生み出している。

いつの日か人類は、この地球と環境に顕在化している邪悪で破壊的な力は――人間の思考や感情によって引き起こされるものだが――各自の日々の生活における感情コントロールの欠如を通じてのみ、個人や国の物事に入り込むのだと認識するだろう。どれほど破壊的な思考であっても、感情の領域を通らない限り表面化も顕在化もできない。物質的な原子が精神と結びついて凝り固まったとき、初めて破壊的な思考は形を取る。

突然の爆発音は、それを聞いた人間の神経系統に衝撃を与え、体内の細胞を動揺させるが、同じことが感情にもいえる。怒りの噴出がそれを受け止めた人間の心や体、取り巻く環境の原子構造に衝撃を与え、微細な物質の調和を乱し、悪影響を及ぼすと、今度は受け手が――意識的に、または無意識で――怒りを外に向けて放つようになる。

調和を伴わない感情は、老化や記憶力の低下、その他の人生上のさまざまな欠陥を生み出す。ネガティブな感情が人体組織に及ぼす影響を建物にたとえてみよう。レンガとセメント造りの強固な建物を毎日叩き続け、日に日に衝撃を増していく。絶え間なく揺さぶられた結果、建物を構成する粒子が次第にばらばらになって、しまいには崩壊してしまう。人類が人体の原子構造に対し、ひっきりなしに行っているのがまさにこれだ。

調和なき思考や感情を表に出すことは抵抗なくできる。規律や抑制とは無縁の、精神的に成熟していない者に特有の行為だ。そういう者たちは内なる神の法則を理解しようとせず、法則に従って神の子としての本来の役目を果たそうとしない。

自身の思考や感情をコントロールできない、あるいはコントロールしたがらない者は、正しい道を歩んでいない。意識の扉をいくつも全開にして、他者の心や感情が吐き出した不和を呼び込んでいる。破壊的な衝動や悪辣《あくらつ》な思いに屈するには、知性も訓練も必要ないし、正しく力を用いることもない。そのように振る舞う大人は結局のところ、自身を抑制できない段階にある子どもにすぎない。

揺りかごから墓場までの過程で、自己抑制を身につけない。それは人間として恥ずべき人生だ。現在の西洋社会にとってそこが最大のネックだと告げておく。調和なき習慣に傾くのはそれほどまでにたやすい。自分たちが創り出した環境や社会に過剰に浸かりすぎた結果だ。

人間が自ら敷いた恒常的な限界を超えるためにも、外的意識《アウターマインド》のコントロールによってそんな状態から脱け出す努力をする時期に来ている。凝り固まった思考や感情に囚われ続ける限り、この世界や人生から貧困、不和、破壊的な要素を取り除くことはできない。個人を取り巻く環境で生じる、小さな不快感の積み重ねによる不和。それが各自の心と体に生命が流れるのを妨ぐのだ。

人類の九十五パーセントが、思考と感情をコントロールせずに野放しにしているため、始めは規律を身につけさせるのに相当の努力が必要だろう。

だが、どれほど労力がかかろうと、この二つのコントロールに時間、エネルギー、努力を費やすだけの価値はある。両者の真の恒久的なコントロール抜きには、人生も世界も統率できないものだからだ。これからその方法を伝授していくが、これらの高次の法則を君のような人物に伝えられるのは光栄だ。この法則を生かしていけば、真の叡智を表現できるようになり、完全なるものが君にもたらされるだろう。

自己コントロールへの第一段階は、外界に向けた心と体の活動をすべて控えることだ。夜寝る直前と朝起き抜けにそれぞれ十五分から三十分間、真剣に自分の内面を見つめるために費やすように。

第二段階。心身ともに平穏な状態を得られたなら、自分の体が白く輝く光に包まれる姿を思い描き、実感する。最初の五分間その場面を想像し、次いで心臓の辺りに黄金の太陽が輝く様子に意識を集中させ、外側の自己と内なる神とのつながりを強く感じる。

第三段階は承認だ。『私は自分の内なる神、純粋なるキリストを喜んで受け入れます』と感謝の気持ちを表明する。さらに約十分間、大いなる光の輝きを感じ、体内の一つひとつの細胞を強化する。

瞑想の最後に次の称賛の言葉を唱える。『私は光の子です。私は光を愛しています。私は光に仕えています。私は光の中に生きています。私は光によって守られ、輝かされ、備えられ、保たれています。私は光を祝福します』。

どんな時も心に留めておいてもらいたいのは、『人は自分で思い描いたとおりになる』ということ、万物が光からやってきて以来、光は完全性を持つ至高の存在であり、万物をコントロールしているということだ。

この光の瞑想と称賛を本心から実践し継続する者には、心には輝きが、体には健康と活力が与えられ、人生に平和と調和、成功がもたらされる。

世の始まりから言われてきたことだが、生命が到達しうる最高の状態は『光』であり、その光は至るところ、あらゆる事物に存在する。

この真理は何百万年経っても真実であり続けている。開闢《かいびゃく》以来、時代の賢人と呼ばれる者たちが、例外なく頭や体から後光を発していたのはそのためだ。

内なる光は実在する。君たちの家庭にある電気の明かりのように、実体のあるものだ。そう遠くない将来、一人ひとりの体から発する光を物理的に観察できる装置が発明される。その装置を通せば、思考や感情が乱れた人間の内なる光が色あせ、汚れた雲に覆われているのがはっきりと見て取れるだろう。それは大いなる生命の流れがもたらすエネルギーを軽視し、悪用している現れだ。

毎日光の瞑想と称賛を忠実に実践し、心と体を構成する原子一つひとつに宿る光を、深く強く感じていけば、内なる光の存在と、そこで常に活動している強大な力、作用、完全性の証拠を多く受け取るようになる。たとえ短時間でもそれが体験できれば、もはや証拠も必要なくなるだろう。自分自身が動かぬ証拠となるからだ。『光』は神の王国。光に身を委ねれば平和を感じる。父なる神の家に戻るのだから。

光の瞑想と称賛を十日ほど続けたら、朝昼晩の三回に増やすのが望ましい。こう言うと必ず『そんな暇はありません！』と口にする者がいる。そういう人に私は言いたい。

状況や物事が自分とは違うからといって、他人を批判し中傷する暇があるなら、その時間を、光を意識するのに費やしてはいかがなものか。果敢に挑み、継続するだけの十分な意志を持つ者には、この地上に天の御国が現れるだろう。不可能なことは何もない。光は絶対損じないからだ！

光は、神がすべての被造物に対し、秩序と平和、完全性を保つために使う方法である。地上に生きる人類の誰もが、十分な強さの願いを抱いていればいつでも実践できることだ。精神を高めたいと真剣に願えば、願いの強さそのものが時間を確保するため、環境や人材、条件や物を整えてくれる。建設的なことをしたいという純粋な願いが、思い描いた物事の実現に向けて必要なエネルギー、力を発するからだ。この法則は例外なく全員に及ぶ。

人はみな全知全能の神の存在に触れるというこの上ない特権を与えられていて、その特権は昔もいまも、これから先も、人間をこの世の不和や限界を超えた状態に上昇させる唯一の力だ。だからこそ、君には根気よく実践を積んで、内なる神が確実に勝利をもたらしてくれることを理解してほしい」

淡々と語り続ける彼の言葉を聞きながら、これがアセンデッド・マスターと呼ばれる存在なのか?と私は思い始めていた。光の降雨の原理に通じている証拠を示しただけでなく、方法まで伝授してきたからだ。しかし、そのような存在が私を知っているなんて、ありうるだろうか？　考え込む私の思考を読み取ったのか、答えが返ってきた。

「君のことは大昔から知っている。君が努力を続けて意識を上昇させたから、今回、直に接することができたのだ。とはいえ、目に見えない領域では常に君と接していたがね。アセンデッド・マスターと直接つながりたいと、君が純粋な思いで意識的に努力した結果、君に知覚できるかたちで私が姿を現す道が開けたともいえる。

しかし、どうやら君の外的意識《アウターマインド》は私のことを覚えていないようだな。私は君が誕生した際にも、君の母上が亡くなった際にも居合わせた。その後、君の到達が滞りなく運ぶよう時機を見計らって君と奥さんを引き合わせたのも、君の息子さんを今回の転生に呼び寄せるのに協力したのも私だ。

まあ焦らず気を静めてくれ。君が落ち着いたら、こちらの正体を見せるから」

言われるままに気を落ち着かせた。一分ほど経った頃だろうか、彼の容貌、身体、衣服が変貌し、生き生きとした存在感のある笑顔のマスター・サン・ジェルマンが現れた。唖然とする私の顔を見て楽しんでいるようだ。

均整のとれた体に宝石をちりばめた白いローブをまとい、目の前に立つサン・ジェルマン。両の瞳は光と愛の輝きに満ち、すべてを見とおす力や威厳を放っている。

「人類の繁栄のために行動しているときは、ほとんどこの体を使っている。政治的な用件で必要に迫られた場合には、その国のその時代に見合った姿や服装になるがね」

「あっ！　思い出した」と私は叫んだ。
「あなたとは瞑想中に何度も会っています」

「真のマスターがどんなものか、これでわかったかい？　我々のような次元上昇を遂げた存在は、体の原子構造も自由に組み替えられる。陶工が粘土を自在に扱うように。宇宙を統率する権利を我々は得ており、万物を統《す》べるべく神の力を授けられているから、原子も電子もみな我々の願いや命令に従ってくれる。

この手の事柄に人間はいまだ驚いているが、我々が体の外見や性質を変化させるのは、君たちが服を着替えるよりもたやすいものだ。人間の意識の困ったところは、自ら課した限界に囚われている点だ。理解できないと感じた途端、嘲《あざけ》りや恐れを抱く。もっと悪いのは、無知から『そんなの不可能だ』と平気で口にすることだ。何らかの条件下で不可能な事柄もあるかもしれないが、内なる神すなわち大いなる光は、あらゆる人間の条件を変えることができる。したがって不可能なことなど何もないのだ。

どの人間も自分の中に神の生命の炎を保っている。内に宿る神は宇宙のどこであっても支配力を発揮できる。精神的怠慢から長年染みついた心と体の癖を改める努力をせずに、人はいつまで自分たちで強いた鎖に縛りつけられて生きている。いまここで自分の内なる神を認識し、その神に外界での活動を委ねる勇気があれば、始原に失った物質を支配する叡智を取り戻せるかもしれない。

人類はすでに目醒める時期に入っている。自分たちがそのつど新たな肉体で、何百年、何千年と生きてきたことを、何らかのかたちで自覚すべき時が来ている。

転生の法則は人間的成長を促す活動で、ある人生で本人が意識的に崩したバランスを再度取り戻す機会として与えられる。補完の法則、原因と結果の法則、あるいは、至るところで宇宙のあらゆる力を支配する、自動バランス制御システムと呼ぶこともできる。転生の法則を正しく理解すれば、一見あまりに不公平に思われる、人生におけるさまざまな状況にも納得がいくようになる。それは、数限りない人生体験とその複雑さを論理的に説明し、あらゆる作用を明らかにする唯一の法則だ。それを知れば、この世に『偶然のチャンス』も『不慮の事故』も存在しないとわかるだろう。すべての意識的体験には原因があり、同時にそれは未来の結果の要因にもなっている。

ある転生で女性に危害を加えた男性がいたとする。その男性は次の転生時に女性として生まれ、過去に自分がした行為と同様の苦悩を味わう運命にある。反対に男性を虐待した女性にも同じことがいえる。これは、世界で生み出されるありとあらゆる原因と結果を、各人に否応なく体験させられる唯一の方法だ。人間は自身の世界でしたいように創造し体験できるが、他者に不快な体験を強いた場合、それと同じ状況を体験させられる。それがこの宇宙で他者の人生に自分がもたらした結果だということを、本人が納得するまでね。

一緒に来てくれ。君がフランスで女性として生きた過去世を一緒に見てみよう。類《たぐい》まれなる美声の歌手として大成功を収めた人生だ」

途端に、自分では何もしていないのに私は肉体を脱け出し、地面に横たわった自分の体を傍らで見つめていた。こんな山の中腹に放置したままで大丈夫だろうか？　そう思うや、すぐにマスターが応じた。

「心配はご無用。我々がこの場を離れている間、何ものも君の体には触れられない。見てごらん！」

次の瞬間、横たわる私の体が直径十五メートルほどの円を描いた白い炎に囲まれるのを目の当たりにした。

マスターは右腕で私を抱えると、すさまじいスピードで急上昇した。激しい振動を伴ったが、幸いすぐに慣れてしまった。宙に浮いているというはっきりとした自覚はなかったが、眼下にフランス南部の小さな町が見えてくると、彼は話を続けた。

「君はここで生まれたんだ。当時としては非常に進んだ思想の持ち主だった美しい女性と、高い教養を備えて初期のキリスト教精神に満ちた敬虔な男性の一人娘としてね。

この場で起こった出来事はすべてエーテル体に刻み込まれている。これから記録を再現してみせるから、自分の過去世を詳細に、リアルに体験してくれたまえ。

君はこの村の教会で歌っていたが、君の才能に気づいた教師が個人レッスンを受けさせてはどうかと君の両親に進めてね。本格的な指導を受けて君はめきめき頭角を現した。それで、さらにレベルの高い音楽教育を受けさせるべく一家はパリに転居する。一年間の集中レッスンの後、フランス女王の前で歌う幸運に恵まれ、彼女の庇護のもと、各地のサロンで美声を披露し、華々しい音楽人生を確実なものにする。惜しみない称賛、成功によってその後の五年間で巨額の財産を築くまでになった。

その矢先に両親が亡くなり、君は心に深い痛手を負う。両親を失った悲しみから病気になって何週間も寝込んでしまったが、音楽界に復帰した時には、苦悩を乗り越えたことで君の声には以前にも増して豊かな表現力が備わっていた。

君に音楽指導をしていた男が、演奏会や催しといった公の場での活動の仕切り役になり、君は彼に多大な信頼を寄せていた。十四年間の輝かしい音楽人生の末、突然の病に倒れ、君はあっけなく世を去る。君の遺した財産、宝石類は、君が生前手がけていたいくつかの事業と他者への支援に使われるべく、その男に委ねられた。君の喪が明けやらぬうちに、男は豹変した。金を手にした途端、貪欲な思いに支配されたのだ。これから男の次の人生を見せてあげよう。君は彼と現世で、何年か前にアメリカで出会っている。仕事上の関係でね。おそらくはっきり覚えていると思う」

サン・ジェルマンはそう言って過去の出来事を私に見せた。十年ほど前、西部で仕事をしていた際に、ベルギー政府から派遣された代表者とアメリカ側をつなぐ世話をしたことがあった。

「あの男はこの人生で、過去にフランスで君に働いた悪事を改める機会を与えられた。我々は彼にそのことを思い出させ、彼も十分に状況を理解したが、正義を司る大いなる宇宙の法則に基づいて過去の過ちを埋め合わせるほどの勇気はなかった。この時、軌道修正できたら、彼も飛躍的に意識が高まっていただろうに」

そうやって地上での生命は輪廻に囚われ、苦しみもがき続けることになる。内なるキリストの光に照らされ浄化されて、愛と平和、完全なる神の被造物として、神の計画のみを担うようになるまで。これは忘れられないレッスンになるだろう。客観的に過去世を眺めることで得た教訓は、その者の視覚にも心にも刻み込まれるからだ。とりわけ視覚にはより深く記録され、必然的に外界に向かって行う知的活動に注意を払うようになる。

実際、あの時彼と見た過去世は、私の記憶にしっかりと刻み込まれ、あれから何年も経ったいまもなお、詳細まで鮮やかに思い起こせるほどである。

「次は別の過去世を呼び起こそう。君がエジプトにいた頃の人生だ」

またもや私たちは舞い上がり、猛スピードで前進する。美しい地中海の上を通り過ぎ、カルナックとルクソールの神殿が見えたところで地上に降りた。

「この光景をよく見てもらいたい。非常に古い時代のルクソール神殿の姿だ。現在考古学者たちが発掘している遺跡ではないし、過去に発見されたものよりはるかに古い。どこを掘ればいいのかを彼らが知っていたなら、壮麗な神殿が完全な状態で発見されるのだが」

瓦礫の山の一角を彼が指し示すと、最先端の技術を集めても及ばない、想像を絶する美と活力に満ちた素晴らしい神殿に様変わりした。

庭園や噴水はどれも白大理石やピンク御影石の太い柱で囲まれ、今日地球上にある都市と変わらぬ躍動感と現実味を帯びている。どうしたら古代遺跡をこんなに生き生きと再現できるのか。そう私が彼に尋ねたのは、ごく自然な反応だった。

「自然と同様、人間と人間の創造物もエーテル体に、写しあるいは原型を持っていてね。その人を取り巻く『気』に永遠に刻み込まれ、どこへでもついてまわる。活動パターンも人生経験もずっと本人のオーラに残っているのだ。これと同じ記録が土地や建物にも存在する。アセンデッド・マスターは原子構造を変容させることで、人の過去世での体験や活動を蘇《よみがえ》らせることができる。相手がどこにいようとも、原型は常にオーラにあるからだ。一方、土地や建物の場合は、元あった場所でしなければならない。それらの記録を使って蘇らせると、最初に物質として築かれたときと同じ形や構造になる。

この方法を使ってマスターが適切な意図で望むとき、建物と周囲の建設当時の生き生きとした状態を蘇らせることが可能だ。マスターの域に達すれば、弟子の指導や他者の幸せのために、エーテル体にあるどんな記録でも再現できる。

マスターが再現したものは、本物と同等に現実味のあるものだ。だから蘇ったものは、写真に撮ることも触れることもでき、観察者が知覚で具体的に実感することができる。

いいかい、君はいま肉体から脱け出た敏感な体でこれらの体験をしているが、この体験がリアルじゃないとは言えないだろう？　肉体は、思考し意識する個としての君が着ている衣服のようなものだ。

冬には厚手のコート、夏には薄手のスーツだけと使い分けるのと一緒だ。薄手のスーツで体験することと厚手のコートを着て体験すること、どちらの方がより現実だということはない。ともかく、中に入って建物や周囲の様子を見ていこう」

マスターとともに正面入口から神殿に足を踏み入れた。その体験を演じる演技者であると同時に、それを眺める観察者でもある感覚だ。大神官と思しき人物が私たちを出迎えてくれた。様子から察するに、どうやら私を知っているようだ。

「この大神官は現世で君の息子ドナルドに転生している」

サン・ジェルマンが口にすると、もう一人神官が現れる。咄嗟《とっさ》に見覚えがある顔だと思った。

「こちらの神官は君自身だよ」

内殿に入ると、聖火を守っている美しき巫女がいた。即座に彼女が何者か理解できた。もう何年も前に結婚し、息子の母親でもある、愛する妻、ツイン・レイ（訳注：双子の光、魂の伴侶）のロータスだ。

場面が変わって、遠国からやってきた王子が現れる。訪問の目的は巫女を妃にするためらしい。しかし、大神官の目がいまから起こる状況を予見している。一瞬たじろいだ様子だったが、すぐに冷静さを取り戻した。

王子の連れてきた従者たちが内殿に入ってきて、無礼なことに聖域に近づくのを見て、大神官は一声発する。

「止まれ！」

従者らは立ち止まった。が、一人が聞かずに前に進んだ。祭壇前の聖なる円陣に接近すると、堪えきれず大神官は駆け出し、円陣の縁に立ちはだかる。制止するように手のひらを向けると、閃光のごとく炎が噴き出し、従者を直撃した。即死状態で床に崩れた従者を見て、怒りに駆られた王子が詰め寄ろうとする。

「止まるんだ！」

雷鳴のように轟《とどろ》く大神官の叫び声。威光に気押され王子は動きを止めた。

「生命の神殿におわす神の至高の恩寵に対し、これ以上不敬を働くでない！　不届き者と同じ目に遭いたくなければ、ここから立ち去るがよい」

大神官は自身が放つことのできる無限の力を完璧に認識し、王子と対峙しながら意志によって完全に自己を律している。永遠なる神の力を戴《いただ》いた威厳そのものだ。

王子の意志も強固だが、自身を律しきれず、怒りのおもむくままに突き進んでしまった。大神官の手から再び光が放たれ、王子も即死した。


様子を見守っていたサン・ジェルマンが振り返って説明する。

「いまの場面には力がどのように作用するか、特徴がよく示されていた。外部に放った力は当人に戻ってくる。絶命した従者と王子は蔑《さげす》みとエゴイズム、堕落の感情を抱いてやってきた。マスターである大神官はオーラに触れた瞬間に二人の本質を読み取った。大神官は彼らが放った感情とエゴイズムの力を跳ね返しただけだ。またこれは他者を守ろうとする無私の精神が、結果的に自身を守るという好例でもあった」

事件が終結すると、壮麗な神殿は消え失せ、私たちは再び遺跡の中に立っていた。サン・ジェルマンは私に、いまの場面では出てこなかったことについても明らかにしてくれた。

「因果の輪、すなわち輪廻転生から脱け出す方法はただ一つ。生命の法則を理解するよう意識的に努力することだ。内なる神を強く求め、高次の自己に触れ、外界におけるあらゆる状況を前に、その域まで自身を力強く上昇させねばならない。君にもっと伝授できたら、光栄であるし嬉しいのだが、あとは君自身が他者との関係から実践で学ぶしかない。さて、そろそろ戻るとしよう」

行きと同様、天を翔《か》け、元の地点に戻った。横たわる私の体の近くまで来た時、彼は再び指示した。

「白い炎の円が消えていく様子をよく観察するんだ！」

私は炎が消えていくのをこの目でしかと確認した。一分後には、私は体内に戻っていた。日はどっぷりと暮れていて、ロッジに辿り着く頃には真夜中近くになるだろうと思った。

「片方の腕を私の肩に回して、目を閉じて」

命じられたとおりにすると、またもや自分の体が宙に浮くように感じたが、先ほどのように前に進む動きではなかった気がする。まもなく両足が地に着き、目を開けてみると私は自室にいた。どうやって通りにいる人々の目に触れずに、ここまで戻ってこられたのか？　困惑しながら尋ねる私に、サン・ジェルマンは嬉しそうな表情で答えてくれた。

「人間たちの間を移動する際、しばしば我々は目に見えないマントをまとうことがあるのだよ」

そう説明すると姿を消した。

アセンデッド・マスターと呼ばれる者たちがどこへでも自由に移動できることも、目に見えない空間から望みの品を取り出せることも前から聞いて知っていた。しかし話に聞くのと実際に体験するのでは雲泥の差だ。私は我が身に起こった驚異を理解しようと努めた。サン・ジェルマンにはごく平凡なことでも、私には驚異以外の何ものでもなかった。

じっと座って感謝の念に満たされながら今日一日の出来事を振り返り、願いに関わる法則の説明に思いを馳せた。彼は願いの重要性を強調し、願いを個々の生命の意識を拡大させ、新たな考えを促進するための宇宙の原動力のように捉えていた。

「建設的な願いは生命の意識を拡大する。物質界での人間の表現をより高いレベルの考え方、行動、成果へと押しやってくれる唯一の行為だからだ。純粋な願いには果たされるための力が宿っている。人間は神の子である以上、父なる神の命に従い、どう生命エネルギーを活用していくか、願いを介してどんな資質を表現していくかの選択肢が与えられている。義務づけられているともいえるだろう。自由意志は生まれながらの人間の権利だからだ。

外界に向かう知的活動も、すべて建設的なルートで導かれるべきだ。それが外的自己《アウターセルフ》の目的であり、義務である。願いを破壊的な方向に使う行為は――残念ながら人類の多くがそちらに慣れてしまったが――神の偉大なエネルギーを人間特有の欲を満たすのに費やすことに他ならない。その結果は例外なく、不和や失敗、衰弱、破壊に向かうだろう。

一方、願いを建設的に使う行為は、大いなる叡智からもたらされる無限の神のエネルギーを意図的によい方向に向けることだ。叡智に導かれた願いは常に、自分以外の被造物にも恩恵をもたらす。内なる神に導かれた願いには愛が伴うため、祝福が絶えない」

マスターと出会ってから数日間は、頭の中を整理すべく体験を記録しながら過ごした。

ある朝、目を覚ますとベッド脇のナイトテーブルに金色のカードが置いてあった。金の薄板らしく、スミレ色の美しい字体で簡潔なメッセージが書かれている。

《明日の午前七時、山のあの場所に来られたし。サン・ジェルマン》

カードを大切にしまい、再会を心待ちにした。

翌朝早く起き、持っていく昼食の用意をしかけたが、思い直してやめにした。内なる声に従い、必要なものは宇宙の蓄えから直接供給されるだろうと信じた。

身も心も軽やかに家をあとにした。可能であれば、許されるなら、訊きたいことは山ほどある。その機会を逃したくはない。約束の場所に近づくにつれ、体が軽くなっていくのが自分でもわかった。目的地まであと数百メートルに達した時には、足が地面から浮いている気さえしたほどだ。十五キロ以上は歩いているはずなのにまったく疲れを感じない。

途中、誰ともすれ違うことなく約束の場所に到着した私は、木の切り株に腰を下ろして、サン・ジェルマンを待つことにした。

突然枯れ枝が折れる音がし、振り返る。マスターの姿を期待した私の目に入ったのは、至近距離に迫るジャガーの姿だった（訳注：原書ではパンサーと表記されているが、アメリカ大陸には生息していない。見た目が豹に似ているジャガーをアメリカ豹とも呼んでいるため、本書ではジャガーとした）。慎重に一歩また一歩と近づいてくる。どんなに驚いたか。悲鳴を上げて、逃げ出して、とにかく窮地を脱したかった。しかし、あがいたところで無駄だろう。飛びかかられたら一巻の終わりだ。頭の中を不安が駆け巡る。

不意に浮かんだ考えが動揺する私の心にブレーキをかけた。私の内には公正な「内なる神」が存在し、その「内なる神」は全《まった》きの愛である。目の前で優雅な動きを見せるこの動物も、同じ神の生命の一部だ。そう思いながら相手の目を見つめた。次いで神の一部が別の神の一部を傷つけることなどできないとの思いが浮かび、私はこの思いだけに意識を集中させた。

するとし、私の内から愛が湧き上がり、光線のようにジャガーに直接放たれた。同時に恐怖心も去っていった。忍び足をやめて立ち止まるジャガー。神の愛が両者を包み込むのを感じつつ近づいていく私。相手の目つきが温和なものに変わり、ゆっくりと足元に来たかと思うと、私の脚に肩をこすりつけてきた。身をかがめて頭を撫でてやる。嬉しそうに顔を上げて私の目を見つめると、地面に横たわって子猫のように転がったので、しばらく一緒になって遊んだ。濃い赤茶色をした美しい毛並み、細長くしなやかで強靭なボディが何とも優美だ。

ふと顔を上げると、いつの間にかサン・ジェルマンがそばに立っている。

「君の内なる力の強さをしかと確認したよ。そうでなければ危険な試しなどしなかったがね。君は恐怖心を克服した。そのことをまずは称えたい。君が外的自己《アウターセルフ》のコントロールに至らなければ、私がジャガーの攻撃を防ぐつもりでいたが、我々の関係はしばし中断せざるをえなかっただろう。

しかし私の出る幕はなかった。大いなる法則が働いたことに、君も気づいただろう。新しい相棒との関係を築く前、動揺する君の心にブレーキをかけたのは法則だ。

さて、君の勇気が証明された以上、君にはさらに上の段階の協力ができるということだ。これから間違いなく君は日々強くなり、幸せを感じ、より自由な思いで行動できるようになることを請け合おう」

そう言って彼が手を差し出すと、直径五センチほどの金茶色のケーキが四つ現れた。食べるよう促され、一つずつ口にしていく。一気に体が強靭になり、精神も明晰になった感覚が広まる。私の隣に座ったサン・ジェルマンが教えを説き始めた。

2章　サハラ砂漠

「前回は肉体から脱け出したが、今回は意識を投射する方法を取る」

そう言って彼は右手親指を私の眉間に当て、残り四本の指を頭に乗せた。強力な電流が全身を駆け巡るのを感じる。それから手を離し、言葉を続けた。

「まずは意識を精神に集中させ、瞑想状態で以前説明したいくつかの法則を思い起こしてもらいたい。いかに使っていくかを教えたはずだ。いずれも君に、この地球上のあらゆる事象、物質を意識的に操れる状態になってもらうためのものだ。物質を意識的に操るとは、体験していることに左右されず、いつでも君自身が精神と肉体を完全にコントロールし、自らの自由意志を用いて行動できることを示す。

意識の投射では、意識は完全に覚醒している状態で、いつでも君は全能力を発揮できる。トランス状態や催眠とは異なる。トランス状態や催眠では、本人の意識は機能していないからね。自分の心と体を委ねる行為は、誰にとっても最も危険で破壊的な行為だ。

トランス状態も催眠も、自分で意識のコントロールもできなければ、熟練もできない。そのような実践は魂の成長にとって最も破壊的で危険だ。意識のコントロール、地球の力の熟練と使用は、常に内なる神の導きの下で、外界に向かう能力のすべてを、精神的にも肉体的にも完全に調和させ従わせなければならない。そのことをぜひ理解してもらいたい。

それを抜きに熟練はありえない。そしてアセンデッド・マスターと呼ばれる者たちは、決して神に与えられた特権である個の自由意志を尊重せずに、何らかの行為を強いることはない。

弟子の意識を一時的に拡大するため、アセンデッド・マスターが投射を体験させることはある。二箇所またはそれ以上の場所で同時に起こっていることを体感してもらうためにだが、その場合でも学ぶ側の能力は完全に本人の自由意志によってコントロールされていなければならない。弟子は自分の体がある場所でも、マスターが注意を向けさせたがっている場所でも、完全に意識的に活動するのだ。

マスターが弟子の意識を一時的に上昇させるのは、自分自身で意識的また積極的に努力し、どうそれを成し遂げることができるかを示すために他ならない。

意識の投射では、弟子の心身両面の原子構造の振動数を上げる。それはマスターによる光の放射でなされ、経験のために弟子の振動数をマスターが定めた高さまで引き上げる。振動数が上がると視覚や聴覚が広がり、通常より一オクターブ上まで感知できるようになる。

そういった感覚の使い方は、起きている状態で絶えず経験しているものだ。たとえば、近くのものと遠くのものとを同時に知覚できるように。意識の拡大または収縮は、本人が何を望んでいるかに完全に任される。主体は常に、弟子の自由意志と意識のあり方だ。

庭にある一本の木を見るのも庭全体を見るのも、その人自身の選択だ。どちらをするのも、同じ視力を使い、まったく同じ方法で行う。庭全体を眺めたければ、自分が望む視界が開けるまで視野を広げればいい。部分は全体に含まれるからだ。そうなるとわかるだろうが、双方の情報を同時に摑む、あらゆる能力をすべてコントロールする意識が必要だ。この視力の範囲をさらに拡大させたのが、投射だと考えてもらいたい。

この意識の投射または拡大で視覚能力を使うと、視神経の振動数を上げることができる。その仕組みは双眼鏡を使ったときに起こることと同じだ。

日常生活での人間の意識は、これらの能力を限られた領域や力の枠内で使うことに慣れている。同じ部屋にいる人の話を聞きながら、同時に別の部屋で鳴る電話の音を聞けるだろう？

外界での活動に使う能力はみな融通性がある。同じ力を顕微鏡として使うか望遠鏡として使うかは、本人の願いや意志次第ということだ。

自分がいる部屋の音を聞くと同時に、いくつか部屋を隔てた場所の音も聞ける。先ほどの視野と同じように聴野を広げれば、さらに離れた場所の音まで聞き取れるようになる。そのためには、より遠くまで達するよう聴覚神経の振動数を上げなければならない。

君が内なる神の働きを見つめれば見つめるほど、内部の感覚が外部の感覚と一緒になる、つまり両者が一つになるのが、どんなに理にかなった完璧なことか気づくだろう。

このような意識の活動は、視覚、聴覚だけでなくその他すべての感覚にも応用できる。感覚を研ぎ澄ましていく過程はごく自然なかたちで調和していくもので、ラジオの周波数を合わせるように単純なプロセスだ。ラジオの周波数も、いま述べた視覚と聴覚も、同じ活動の一端にある。音には色が、色には音が含まれている。日常生活でも十分に心を静められれば、色を聞き、音を見ることは可能だ。

あるオクターブまたは範囲内で視神経に刻まれた振動、その結果を視覚と呼ぶ。聴覚神経に刻まれた振動は聴覚だ。一般に人の目が捉えられる物の振動レベルは範囲が限られ、赤外線より低く、紫外線より高いものは見えない。だからアセンデッド・マスターは光を放ち、通常より一オクターブ上の脳と目の原子構造の振動を感知できるまでに引き上げる。

個人の内なる神の命令もしくはマスターの放つ光で、さらに何オクターブも上まで広げることも可能だ。本当は多くの人が無意識でこういった体験をしているのだが、どうしてそれが起こるのか、意味を理解している者はごく稀だ。超越的な意識の瞬間を経験した者、何らかの強い霊感を受けた者に限られている。

意識あるいは映像の投射は、暗示とは関係ない。暗示というのは、ある人の心にあるものを、別の人の心に映し出すことで、それらの思考やイメージは、第三者を介して暗示をかけたい相手に送られる。太陽の光を鏡で反射させ、壁に映すようなものだ。

意識の投射はそれとはまったく別で、ある場所を思い浮かべ、実際にその場に身を置く。投射は肉体で感じるのと同様、現実で、生々しく、実感がある。アセンデッド・マスターと一体化した内なる神、一なる至高の神の作用によるものだからだ」

サン・ジェルマンが説明を終えると、かなり古い時代の光景が現れ、彼と私は観察者であると同時に、そこで行動する者に変わった。自分の動作や感情をことごとく体感する。あらゆる動きが呼吸のように自然であたり前。唯一違和感があったのは、これまで経験したことのない自由と自己抑制を感じている点だった。エーテル体に記憶された世界が再現されていくのを目にしながら、二人ともしばしば無言のまま立っていたが、やがてレッスンが始まった。

「ここはサハラ砂漠だ。ただし、まだ亜熱帯性気候で肥沃な土地だった時代のね」

周辺には無数の小川が流れ、全域が緑と潤いに溢れていた。王国の中心にある首都は、その繁栄ぶりから当時その名は世に知れ渡っていた。公的機関の建物は高台に集められ、そこから四方八方に町が広がる造りになっている。

彼は説明を続けた。

「この都が全盛を極めたのは、いまから七万年前のことだ」

町の中心部に足を踏み入れると、重力が弱まったように足取りが軽くなった気がした。周囲の人々も軽やかに進んでいる。サン・ジェルマンに尋ねると、こんな答えが返ってきた。

「この国の人々は自分たちの源の記憶をずっと保って暮らしていた。つまり神の子であることを自覚していたということだ。そのため、君の目には奇跡や超人のように映る、神の叡智や力を備え、操っていた。本当のことを言うと、すべては宇宙の法則で、奇跡は存在しないのだがね。人間が奇跡と認識しているのは、いずれも各法則を応用した結果にすぎない。それらの能力を駆使していた時代の記憶を失ったがために、奇異に映ってしまうだけだ。

生命の真実を正しく理解してしまえば、現代人が奇跡とみなす事象はどれも、言葉を発するようにごく自然なものであることがわかってくる。アルファベットの仕組みを学べば、言葉の意味がわかるのと同じだ。それらの事象は永遠に拡大し、進歩する生命の現れであり、すべては愛と平和に基づく法則の手順に則《のっと》り、絶えず起こっているのだ。

現代人の感覚ではどれだけ理解しがたく奇異に映ろうとも、我々を常に取り巻き、数々の驚異を生み出すために作用する、大いなる法則や高いレベルの知性の存在を否定する根拠にはならない。

今日の現代人が誇る最高の知識も、内面の偉大な力や叡智を熟知したこの時代の人たちにとっては、微分積分学を前にした幼い子どもの理解度のようなものだろう」

都市中心部にある建物の一つに入っていく人たちの姿を目にする。高官たちだろうか、上質の美しい生地の服を身にまとっている。服装の鮮やかな色合いと建物内部の装飾が、実によく調和している。そのうち一人がガイドとして私たちを本館へと案内し、偉大なる王国の統治者に引き合わせてくれた。何とその王様はサン・ジェルマンだった。

王様の隣には若く美しい娘が立っている。床に届くほど長い金糸のような髪。貫くような澄んだ青紫色の瞳。全身から愛おしさを溢れさせている。彼女はいったい何者なのか？　視線で問う私に、サン・ジェルマンは答えた。

「ロータスだよ」

娘のそばには二十歳ぐらいの若者と十四歳ぐらいの少年がいた。若者はルクソール神殿の過去世で大神官、少年は神官だった人物で、今回は三人とも王の子どもになっている。この時代にも四人は一緒に行動していたのだ。


「転生の縁が多少わかったところで、祝福された民たちの活動に我々も入り込むとしよう。彼らのことを『祝福された』と呼ぶにはわけがある。君にもすぐになぜだかわかるだろう。ほとんどの民が意識を抑制する力を備えていたばかりか、神の子としてのあらゆる叡智と力を正しく使うことができたからだ。彼らはそれらのものがどこから来ているのか、それらを受け継ぐことが何を意味するのかを十分理解したうえで、無限に駆使していた。

外的自己《アウターセルフ》は内なる神の道具にすぎず、創造された目的のためだけに使用されるべきだということも認識していた。当然ながら彼らの内なる神は何の束縛もなく活動し、あらゆる面で絶大なる完璧さを獲得していた。

この古代文明の時代、王国は大いなる平和と幸福、繁栄に満ちていた。統治者である王は古代叡智のマスターで、真の光の使者だった。彼はその光に従って国を率い、王国は完全性の生きた手本だった。

完全な調和を保った状態は数百年続き、その間、陸海軍の類を擁することもなかった。人々の統率は十四人の光のアセンデッド・マスターに委ねられた。七つの光線に各二人ずつ配置され、大いなる神の活動を目に見えるかたちで体現していた。この十四人の光の存在の下に七つの部門を支配する下位のマスターが十四人置かれ、各々内なる神に忠実に従い、主に科学や産業、芸術を管轄した。このように源である神からマスターたちを介して、高官たちに指示、指導がなされていた。つまり人間の側から妨げられることなく、神の完全性が絶え間なく上から下へと流れていたわけだ。

この統治システムは最も優れた成功例で、どこを取っても満足のいくものだった。以後、地球上でこのレベルにまで近づいた文明は存在しない。今日まで伝わる古代の記録では、この前時代の文明を黄金時代と呼んでいる。あらゆる生命活動で一番よかった時代が黄金時代と呼ばれるのはそのためだ。

君が住んでいる愛すべきアメリカでも遠くない将来、意識上昇をした人々が輩出され、この時代と同等の真の内なる神の認識がもたらされるだろう。地球上の国々の中で真昼の太陽のごとく光輝く地、それがこれからのアメリカだ。遠い昔、アメリカは偉大なる光の大地だった時代がある。その精神的遺産を取り戻すことを妨げるものは何もない。アメリカの大地はそれほどまでに身も心も強い。君が想像するよりも強大な力を宿しているのだ。現在その身にのしかかっているものを取り除くべく、その力を発揮する時がいずれやってくるだろう。

地球にある他の国々にとって、今後のアメリカは重大な運命を担っている。過去何世紀にもわたってアメリカを見守り続け、いまなお見守る者たちにとっても。我々、次元上昇した光の主がアメリカに多大な愛を寄せ、見守っている。我々の庇護と愛の力で、必ずやアメリカは自らの宿命を果たすであろう。

この文明と同等の政治体制が将来生まれるのは、君たちを覆いつくし、力を吸い上げる吸血鬼のようなキノコを取り去って、ある種の束縛から解き放たれた時だ。だからこそ愛するアメリカよ、暗雲が垂れ込めても決して気を落とすな。君たちを脅かす暗雲の背後には神の澄み渡った光、神のメッセージがあり、愛と完全性のアセンデッド・マスターたちがアメリカを、政府を、人々を見守っていることを覚えていてくれ。繰り返し告げる。アメリカよ、我々は君たちを愛している。

偉大なる神が順々に目覚め始めている。多くの者が自分の内なる神とその特有の力を認識し始めている。やがてその者たちが国を担う地位に就くだろう。個人的な野心や財産よりも、アメリカの幸福、繁栄に心から関心を寄せる者たちだ。そうして地上に再来した黄金時代は永劫に保たれることになる。

君がいま目にしている時代より一つ前の時代では、大半の人が巨大な飛行船を移動手段にしていた。技術が高い水準に達した頃には、発展途上地域以外では不必要となったがね。それというのも、高官はみな民族の中でも霊的に進んでいて、君のルクソールでの体験のように繊細な体で移動ができたからだ。また、肉体での移動もお手のものだった。彼らにとっては重力を超えることすら、呼吸するほどあたり前だった。

他の黄金時代と同様に、この時代にも金は経済を支えていたが、現代とは意味が違う。金の自然な輝きは浄化とバランス、生命力を強めるエネルギーだ。金はこの世界を創造し、世界と世界のシステムを統率し、地上に住む人間たちの間に光を拡大する、光と愛の大いなる存在、創造の神々によって地球に置かれた。

人間の外的意識《アウターマインド》もしくは知的認識は、この惑星上に金が存在する真の意図をまったくといっていいほど理解していない。金は本来、地中で植物のように成長するものだ。金から絶えずエネルギーが流れているから、我々が歩く道は常に浄化され、バランスが取れ、強固になる。その効果は植物の成長や空気の浄化にも及んでいる。

金のさまざまな用途の中で最も意味がないのが、貨幣と装飾品としての使用だ。地球における金の存在意義と目的は、本来の特質を発揮して、世界の原子構造のバランスを取り、強め、純化させるエネルギーを放出することにつきる。

科学の分野ではまだその作用に懐疑的だが、金は極寒の地で使用されているヒーターと同じ目的でも使われる。地中においては、金は太陽からのエネルギーを地球の内部に供給し、維持活動のバランスを取る最も重要な手段の一つだ。太陽の力を我々の世界にある物質に伝える変圧器としての役も演じ、生命の進歩にも寄与する。金に含まれるエネルギーは実際、太陽が放つ電子の一オクターブ下の力を持つ。しばしば金が『太陽光線の降雨』と呼ばれる所以《ゆえん》もそこにある。

金に含まれるエネルギーの振動数は高いので、生命の最も微細な表現に作用させるには、吸収するしかない。どの黄金時代でもこの金属は、多くの人に共有され使用されるものになった。多くの人に行き渡ったということは、人々の霊的進化が非常に高かった証拠でもある。それらの時代では、金は決して貯め込むものではなく、人々に分配するものだった。金の持つ浄化のエネルギーを吸収し、人々がより完全な状態へと引き上げられる。これこそが正しい金の使い方だ。この法則が真の意味で理解され、守られるようになれば、一人ひとりが十分な量の浄化エネルギーを取り入れられる。

世界各地の山脈には金が蓄えられている。そのため、山には活力や生命力が感じられる。地球上の他の場所では得られないものだ。純金を適切に使用する限り、有害な影響をもたらすこともない。純粋な状態で金は白色に輝き、崩れやすい。それが先ほど話した吸収目的で使う際の金の質の見極め方だ。

さて、霊的に最も進んだこの王国の人々は、宇宙から光の降雨で直接もたらされる金を大量に生産していた。そのため、多くの建物の丸屋根は純金が貼られ、内装にも使われ、輝きを放っていた。宝石類も装飾品として、やはり無限の宇宙から直接取り出すかたちでもたらされ、見事な細工が施された。

いずれの過去の時代もそうだったように、内なる神の長大な創造計画よりも一時的な快楽を得ることにそそられる者が現れた。たとえ一部とはいえ、そのような人間が出ることによって、王国一帯が神の力への認識が失われる方向に傾いていったのは否定できない。その首都は『太陽の都』と呼ばれていた」

都を治める者たちは、やがて自分たちが身を引かねばならないと悟った。堕落し出した民衆たちにはつらい体験から学ばせるしかない。内なる神を称えることでしか善はもたらされない、幸せに生きるためにも光に回帰するしかないと、自ら改心してもらうために。

民衆がますます快楽の追求に没頭していく。その様子を前に、内なる叡智が王に訴える。この王国を維持し続けることは、もう神の計画の路線ではない。彼より霊的に高い存在たちの教えに従い、ついに王は決意する。晩餐会を催して引退を表明し、臣下たちに別れの挨拶をするのだ、と。

ただちに側近たちを呼び寄せ、国内で最も豪華な場所、王宮で盛大な晩餐会を開くことを告げ、準備を命じた。宴の会場を華やかに飾る作業が開始される。至るところに白い光を放つ球が吊るされた。天井と球をつなぐのは水晶の鎖だ。光の輝きが強いにもかかわらず、安らぎの効果がある。中心にある球の光が、天井中央部のメダイヨン（訳注：円形の浮き彫り）に埋め込まれた宝石類を輝かせている。

晩餐会が催される大広間には白メノウ製の大テーブルが二十四脚並び、それぞれ二十四名分の席が割り当てられる。晩餐会を催す者が同時に招かれる者でもある。王の側近はもとより高官らにとっても初めてのことだった。前代未聞の行事を前に、王国内ではさまざまな噂が囁かれたが、招待者たちすら晩餐会の真の意図はわからなかった。

ついに晩餐会当日がやってきた。誰一人として気高い統治者の心中を察する者はなく、今後自分たちに降りかかるであろう激変も予想だにしていなかった。招待者が全員揃い、開始時刻になった。

大広間に通じる青銅製の大扉が一斉に開け放たれ、目に見えぬ空間から荘厳なシンフォニーが聞こえてきた。王を敬愛し、彼の備える力を知りつくす者たちでさえも驚きを隠せぬ様子だ。臣下たちにとって王は神のような存在として敬われていた。自らの叡智を常に惜しみなく注ぎ、全員が多大な愛と尊敬の念を抱いていた。

華々しい音楽が止むと、三人の子どもたちを伴って王が現れた。娘は美の極致としか言いようのない美しさを放っている。身にまとっているのは現在の地球には存在しない、金の繊維でできたドレスだ。肩から掛けたマントは彼女の体の動きに合わせて光を反射し、ダイヤモンドがちりばめられたような印象を与える。優美な金髪を二つのエメラルドの髪留めでまとめ、額にはブリリアンカットのダイヤモンドのついたティアラを被っている。冠中央の燦然《さんぜん》たる輝きから巨大なダイヤモンドと見紛うが、実際には父王が凝縮された強い光をその部分に照射しているためだ。

王国内で超越的な力を有していたのは王だけだったが、王族が公の場でそれを使うことはこれまで決してなかった。そのような力の使用は、内なる神を個人的に称える場面に限られていた。

王も二人の息子も、娘のドレスと同じ生地で作られた体にぴったり沿うボディスーツを着ている。革のようにしなやかだが金製で、宝石でできた大きな太陽のような胸当てがついている。同じ素材からできたサンダルを履き、その甲の部分にも宝石がはめ込まれている。それぞれの額には素晴らしい光の宝石がつけられていた。

王の合図で、参会者はみな着席した。彼は心の奥底から力強く威厳に満ちた声を発し、「無限で至高の一なる存在」を呼び出す。

「遍《あまね》くおわす大いなる神、宇宙を統《す》べる存在よ。各々の心に宿る炎よ！　万物に宿るあなたの生命、光、愛に、我々の愛と称賛、感謝を捧げる。あなたを崇め、あなただけに従う。目に映るもの映らぬもの、進化を遂げたもの途上のもの、くまなく存在する、全創造物に注ぐ生命の川、万物の唯一神よ。

心からあなたに請い願う。無関心が毒気のごとく蔓延し、魂に幻想をもたらし、あなたという光から引き離そうとベールで覆いつつあるいま、我が王国の民を目醒めさせたまえ。迫りくる危険を知らしめたまえ。

民が外的自己《アウターセルフ》の垢と淀みを経験せねばならぬなら、最後まで彼らを支え、永遠なる完全性へと導きたまえ。宇宙の創造主、全知全能の至高の神よ、どうか現れたまえ」

着席する王。固唾を飲んで事の成り行きを見守る臣下たち。やがて各自に食事が振る舞われた。見えない手で運ばれているかのように、次から次へと皿が現れる。料理は水晶に宝石がちりばめられた豪華な皿に盛られ、食べ終わると皿が消え、次の皿が運ばれる。王国始まって以来の豪勢な食事のひと時が過ぎ去った。異変の予感に一同静まり返る。

王は立ち上がり、しばし待った。まもなく全員の右手にグラスが出現し、グラスの中は純粋な電子のエッセンスの濃縮液で満たされていた。飲み干した者はみな、この先どれだけ生き、どんな経験をしようとも、決して自分の「内なる神」を忘れることはないと確信した。晩餐会の出席者たちが抱いたこの魂の庇護は、内に宿る神、王、王国に対する彼らの忠誠と信仰心への褒美だった。側近たちも高官たちも、王国の繁栄のために誠実に献身し続けてきた。その奉仕が後に何世紀にもわたって彼らを守ってくれることになるのだ。

各々グラスを掲げて、自らの内なる神——自身の一なる至高の存在の炎に乾杯した。この晩餐会の模様は、現代人が使っているのとよく似たラジオを通じて王国全土に伝えられた。普通の食事皿程度の大きさのラジオだが、地球上のどこにでも電波を飛ばすに十分な性能を持っていた。

それぞれが自身の内なる神を称えると場内は静まり返り、空気までもが止まったような沈黙が支配した。すると、王の面前に驚異的な存在が徐々に輪郭を浮かび上がらせてきた。

出現したのは「大いなる沈黙」からやってきた、「宇宙マスター」と呼ばれる存在だった。居合わせた者たちが一様に驚きの声を漏らす。宇宙を支配する者たちのことは何百年にもわたって噂されていたが、誰一人目にしたことはなかった。その偉大すぎる存在がいま、右手を挙げて、参会者たちと王国全土の人々に向かって話しかけているのだ。

「地球の子らよ。余《よ》は危機的状況にある汝らに警告すべく、重大な情報を携えて参った。知覚の幻惑から目醒めよ！　手遅れになる前に惰眠《だみん》から目醒めるのだ！　我が光の兄弟がこの王国から身を引き、すでに一部に激しい退廃をもたらしている、汝らが選んだ道を体験させるべき時が来た。抑制の利かぬ、無知と外的自己《アウターセルフ》の感情に流されるとは。

汝らは全世界を創造し支えるものを敬わず、すべての源である至高の輝ける存在、偉大なる無限の神に耳を傾けようともしない。この世に自身が生かされていることを、栄光の愛の主に感謝すらしない。

この賢く寛大な統治者を通じて、自然が惜しみなく汝らに注いできた祝福にすら感謝の念を持たぬとは何事か？　次から次へと浮かんでは消える一時的な快楽や満足だけをありがたがる。なぜ、なぜなのだ！　あらゆるものの命、愛、知性、すべての力の源をなぜ忘れてしまったのだ？

民よ！　王国の民よ！　毎年毎年、来る日も来る日も、一瞬一瞬生きる喜び、体験できることへの感謝の気持ちはどこにある？　汝らは自分のものと錯覚してきたが、これらは現在も過去も未来も、永久に偉大な唯一の源、敬うべき至高の神、この世に遍く一なる神に属すものだ。

この一なる神が絶えず注いできた純粋無垢で完璧な命のエネルギーを、汝らが悪用したがために、このような破壊的で痛ましい状況を創り出してしまったのだ。もはや抑えることはできぬ。汝らは絶望と苦悶、氾濫まみれの世界に生き、不運を和らげたまえと神に請うて生きるがよい。それが、至高の愛を惜しみなく注ぐ、神のたゆまぬ完全性に対し、今後汝らが捧げていくものである。大いなる神が求める唯一の条件は、自分以外の被造物を無限の喜び、完全なる調和の行為とともに祝福すべく、神の力を正しく使用することだ。

最も悲惨な状況に追いやられて初めて、汝らは源を振り返り、苦悩の渦中、絶望の淵で禍《わざわい》を軽減してくれと求める。あるいは生命、すべての善の源に対し、自分の落ち度を棚に上げ、不正義、不当だと責め立てる。

生命に対し不当な小さき者、不正義なのは汝らだ。地球に不幸を創造したのは汝らだ。汝らさえ自由意志に基づき、思考と感情を使って好き勝手に創造しなければ、不和や貧困、逸脱は、この地上に存在しえなかったはずだ。それらは、永遠なる歌の偉大なメロディとリズムに則《のっと》った完璧極まりない創造についた汚点である。

天上の音楽に不協和音を持ち込んだ唯一の罪人は人類だけだ。地上に暮らす人類以外の生きとし生けるものはみな、愛の法則、生命の法則、調和の法則、光の法則を遵守《じゅんしゅ》しながら日々を精一杯に生き抜いている。人類以外は調和を保ち、全体の一部として役割を果たしている。一なる全と完全に調和してだ。

生命と光の領域で生きる人間以外の動植物は根本原理に従って動いている。そこにあるのはまったくの完全性だ。その根本原理とは愛である。偉大なるアセンデッド・マスター集団の存在も愛を基調とする。汝らの統治者のような無私の精神がなければ、人類はこの地球さえもとっくの昔に滅ぼしていたに違いない。

愛と光の超越的な作用は自然な状態で、神はそこに愛の秩序を表現する存在となることを願って、子たる人間を創造した。この広大な宇宙に超自然的な状態は存在しない。一見超越的に映り、美しさと完璧さを誇るものは自然で愛の法則に従っている。それ以外は不自然なものだ。アセンデッド・マスターたちは日々、神の子らの究極の目標である完全性に生きている。実はそれと同等の完全性を神の子らが誇っていた時代が、いまより一つ前の人類周期の、ある黄金時代に存在した。

それは汝らが想像する以上に古い時代の文明だ。当時の人類はアセンデッド・マスターと同じ状態だった。退廃はその頃から緩やかに進んでいた。人類が、自分たちの源――愛――と人生を支配すべきはずの計画から離れていったからだ。

神の子らが愛に背を向けるのは、自ら望み意識的に混沌の人生を選択する表れだ。愛を否定して生き続けようとする者が、生き延びていかれる場所はどこにもない。その者の努力が実を結ぶことなどありえないばかりか、失敗、失望、悲惨な結果がもたらされるだけだ。いかなる物事も、愛が欠けている限り行き着くのは混沌、無秩序状態だ。物質がそこから脱け出し、再び適切なかたちで用いられるには、何としても愛が必要だ。愛と結合すれば、完全なものを生み出すようになる。

これは宇宙全体にも個々の人間にもあてはまる生命の法則だ。覆せない永遠不変の法則だが、同時に慈悲深い法則でもある。この法則によって神が人間に愛を注ぎ、何らかのかたちで神の意志を表現することもできるからだ。大いなる存在の法則で、すべてはそこから派生する。その完全なる栄光と広大さは、筆舌に尽くしがたい。

人知を超えた生命と体験の現実性、真実性、永遠性、完全性といった条件がなければ、人類という存在は、創造を通じて永遠に巡る生命活動のパロディにすぎなくなる。調和に満ちた崇高な時代には、個人レベルでも宇宙レベルでも、行動面でも意識の面でも超越的な王国は存在し、喜び、愛、自由、完全性の活動として創造が継続されている。

それらの王国の方が汝らの体や建物よりも、はるかに真実、現実的で永続するものだ。愛に満たされた物質から成り立つ生命の王国には、不和や不完全、分離といった性質も動きもありえない。愛に基づいているため、完全なる顕在化が永遠に保たれ、絶え間なく働き、常に広がり、喜びをもって祝福されている。そのような場所が現実に存在するのだ。

習慣は、ある目的に一定期間焦点を合わせ、注ぎ続けるエネルギーだ。感情に無知な汝らは、人間的欲求、外的自己《アウターセルフ》の欲望にかまけ、幾度も転生せざるをえない状況を創り出してしまった。人間固有の感覚に根づく欲求は、思考と感情を介してエネルギーを蓄積する。エネルギーは正と負に分類されるが、負のエネルギーは反復されることで激しさを増し、習慣化する。前世の感覚的趣向は、転生後も習慣として残り、当人は不和と欠乏、苦難の輪廻に囚《とら》われる。自ら生み出した不安と不満の迷宮に投げ入れられ、一なる神の法則――愛――を学び、従うことを余儀なくされるのだ。

汝らが創り出した負の遺産は、生命を理解し、愛の法則に従うまで汝らにつきまとう。愛の法則とともに生きることを学ぶまで、何度も生まれ変わっては不和を経験するのだ。この仕組みから免れる者はおらず、自らの不運の要因を正面から見据え、愛の法則に則って生きることでしか苦悩の体験は緩和できないと悟る日まで続く。そういった従順な姿勢が、心の中に落ち着きや平和、慈しみといった感情を芽生えさせる。外界との接触は内的感情によってなされるべきだ。

愛は精神的活動ではなく、精神を創り出す純粋かつ輝くエッセンスである。大いなる神の炎のエッセンスが物質へと流れ、形や動きに完全性を与えるべく絶えず注がれている。愛は完全性が顕在化したものだ。平和と喜び、そしてそれらの感情を他の創造物へ吐露する。それだけが愛に表現できることである。愛が自問することは何もない。愛は永遠に自らを生み出す、至高の神の鼓動だからだ。愛はすべてを支配し、何事にも神の完全なる計画を取り入れようと専念する。それで、愛自身から愛が流出し続けるというわけだ。過去に授けられたものに気づくことなくその恩恵を受け、自身の絶え間ない放出によってバランスを保つ。愛にはこのような完全性があるため、常に流れ続け、相対するものが入る余地はない。

調和と生命エネルギーの正しい使用において唯一の土台となるのが、他ならぬ愛だ。人間の経験において、愛は自分以外の被造物に調和と平和を与えたいという願いと化した。

民よ！　王国の民よ！　どれだけ時代を経ようと永遠に、かつて暮らした天の国に戻るには、十分な愛によるしかない。愛を取り戻し、主がもたらす偉大な光を再び存分に浴びるのだ！

いま、一人の王子が国境へと近づいている。王の娘に求婚しようと都を目指しているのだ。汝らはこの王子に統治されることになるが、いまさら自分たちの過ちを悔やんでも手遅れだ。この国を治めてきた王家は、この地の上にあるエーテル界の黄金の都に迎えられ、そこで庇護されながら任務を果たしてもらう。したがって汝らの王とその子らは、当分の間エーテル界に滞在することになる」

ひと息つくと、宇宙マスターは王に向かって語りかける。

「不屈の魂、気高い心の持ち主である我が兄弟よ。これまでそなたが民に注ぎ続けた愛、奉仕の精神、永遠の神に対する深い献身ぶり、いずれも創造の源に基づいた行為であった。エーテル界の黄金都市は、そなたと子どもたちを快く迎える。

エーテル界の都から永久に放射される光線を通じて、今後もそなたは民が愛の法則に従うようになるまで奉仕していくことになろう。

その光の都は、そなたが多大なる愛を寄せてきた地上のどの土地よりも上位に存在する。この物質界の都の上にあり、自ら輝きを放つエーテル物質で築かれている。それは実在し、非常に現実的で、しかも地上のどの都よりも不変だ。なぜなら黄金の都は、滅びることなき光でできているからだ。疑念を抱く者、調和を乱す者は一歩たりとも足を踏み入れられぬ。

一週間後にそなたらを迎えに来る。余が光の都へと案内いたそう。その後はともに人類の発展を見守り、自分を律し、向上しようと努めるすべての者たちに光を注ごうではないか。都市周辺には電子の力を帯びた目に見えぬ線が張り巡らされ、こちらが招いた者以外は誰一人として立ち入ることができない」

ひととおり話を終え、宇宙マスターはまずは王家を、次いで居合わせた高官たちと誇り高き王国を祝福した。一同が無言で見守る中、その光と体は次第に薄れ、やがて消えた。

大広間全体に囁き声が広がる。厳粛な面持ちで、テーブルを黙って見つめていた王は、立ち上がると忠実だった臣下たちに閉会を告げた。

一週間後、「大いなる沈黙」からやってきた兄弟が約束どおり迎えに来て、王と子どもたちを輝かしいオーラで包み込んだかと思うと、そのまま消え失せ、エーテル界にある黄金の光の都へと旅立った。

翌日、宇宙マスターが予告した王子が首都に到着した。事の次第を聞き、王国の状況と嘆き悲しむ民の様子を目にした王子は、自らが統治者となる決意をその場で表明した。彼に反対を唱える者はいなかった。

二千年後に王国は滅亡し、荒れた土地だけが残された。水は涸れ、荒廃は全土に及んだ。すべては人間のエゴイズムと不和がもたらした結果だったが、植物の生命にも影響を及ぼした。これがかつてアフリカ東部からヒマラヤ山脈までの広範囲を支配していた王国の終焉だ。

その後だいぶ経ってから、この地では大規模な洪水が起こり、現在のサハラ砂漠のある場所に内海ができた。もっとも、いまから一万二千年前の天変地異により、内海に溜まった水がぬけ、現在の砂漠の姿に至る。忘れ去られし時代の栄華は、ナイル川の美しい流れにわずかに感じられる程度だ。

超古代文明の観察はそこで終わりだった。味わったばかりの感覚がいまだ信じられない。三次元に投影された過去の再現シーンと太古の人々の様子があまりに生々しかった。

このような活動に慣れておらず驚愕する私に、サン・ジェルマンはいま見聞きした映像は彼が創り出して見せたものではなく、実在の人々、時代のものだと念を押し、そのことを証明するためにも、今度、年代記が保管されている場所に連れていくと約束してくれた。

ようやく平静を取り戻して二人で座っている切り株の周囲を見回すと、ジャガーがそばで眠っているのが目に留まった。その後、地上の物質をコントロールするための高次の法則の応用など、サン・ジェルマンは貴重な情報をいくつも教えてくれた。その中で通常の人間の常識から考えると高齢である彼が、なぜ完璧な若さを保っていられるのかといったことにまで話題は及んだ。

「永遠の若さは人間の肉体に宿る神の炎、父なる神の資質だ。不調をもたらすあらゆるものに対し、扉を閉ざせる十分な力が備わっている者、その力を保ち、完全性を表現できるようになれた者だけが、精神的にも肉体的にも、永久に若く美しいままでいられる。

安らぎ、愛、光が感情や思考になければ、いくら体を鍛えても若さや美しさを保つことはできない。物質界に生きる人間が思考や感情を介して受け入れてしまう不和の種はどれも、入り込むと同時にその者の肉体に刻み込まれてしまうからだ。安らぎ、愛、光は一人ひとりの内なる神である神の炎に永遠に存在する。永遠の若さと美は自身の創造物で、すべての人間に備わる神の炎に永久に存在するものだ。これは世界に完全性を形として表すため、それをとこしえに保つための神の計画だ。

若さ、美しさ、完璧さはどれも神が自らの創造物に反映し続ける愛に属している。それらを保ち、強める力や手段は各自の内にあり、完全で常に増している。

それを成し遂げるのは、この世に生まれた人間に例外なく備わる神のエネルギーだ。それは個人の心と体、世界の間で絶えず活動している。この大いなるエネルギーが流れぬ瞬間など存在しない。君はそのエネルギーを意識的に統制された思考と感情を通じ、自由意志に基づいて意のままに操る域に達している。

思考は宇宙において唯一振動を生み出せるものだ。思考を通じて人生や世の中に顕在化させせたいものにエネルギーを流し込むことができる。神経系統を伝って流れる無限で知的な輝けるエネルギーは、体内を巡る血流にある生命力、永遠の命だ。この全能で遍在する活力を、父なる神は自由意志に従い、意識的に統率すべく人間に与えた。建設的な目的に使われる真の知性は、神の生命の源、生命の炎から湧き出るもので、多くの人が考えるような知的活動とは違う。真の知性は神の叡智、神の知識であるため、誤った思考を生み出すことはない。誤った思考は人間が外界から受けた印象を知性に刻んだものだ。神の炎から湧き出た思考と、表面的な感覚を頼りに人間の知性が示してきた考えを区別できるようになれば、物質界にはびこる不和をもたらす動きはいずれも回避できるようになるだろう。

内なる神の炎から発する光は、五感を通じて把握される、あらゆる思考と感情を計る基準、完全性の尺度である。完全性という性質、作用は神の炎にしか宿っていないからだ。そのことを踏まえれば、そこまで達していない思考や感情を完全なものとみなすことはできない。

内なる神の光を絶えず保つこと、これが瞑想、内なる神との対話と呼ばれるものである。生命の純粋なエッセンスである神の光は、永遠の若さ、美しさだけでなく、内なる神と外的自己《アウターセルフ》との完全な調和をもたらす。つまりこの純粋な生命エネルギーは、神の源、内なる神とのつながりを保つために外的自己《アウターセルフ》が使う力だ。実際、両者は一つだ。知的認識あるいは精神の外的活動——感覚意識——が、一なる生命の神から離れた創造物を思う、または不完全や不和を心や意識が受け入れない限りは。感覚意識がひとたび神——完全性——から離れていると思い込むと、その状況が創り出されてしまう。外界にもたらされた感覚意識の望みが、現実化というかたちで戻ってくるからだ。

不完全な、あるいは神から離れた考えが自分の関心の的になることを許してしまうと、それに見合った状態が自分の体や環境に表れ始める。生命の源からかけ離れた行為に及ぶ人間に共通するのはその点だ。神と離れていると思い込む者は、神の生命にも知性にも能力にも、始まりと終わりがあるとみなすが、誰にも生命を破壊することはできない。

生命は、過去も現在も未来も生命であり続ける。精神界や物質界のさまざまな活動が要因で、形あるものが分離したり、一時的に崩壊したりすることはある。だが、個の意識が永遠であること、内なる神が、創造におけるよきものを知る者、与える者、行為者であることを認めていれば、地上に現れるあらゆる物質を意のままにできるのだ。

私が君に語っていることは紛れもない真実だ。すべての善の源はただ一つ。それが神だ。この事実を認識し、受け入れ、外界における自身の精神活動から一日二、三回といわず、片時も目を離さないようにする。いつ何をしていても、その状態を維持していれば、完全に自己が解放され、人間社会のあらゆる物事がコントロール可能になる。

大部分の人間にとっては困難なことに思えるに違いない。何百年もの間、神とは隔たりがあると信じて生きてきたからだ。しかし、実際には四六時中、神の生命、永遠のエネルギー、神のもたらす物質と作用を使用しながら暮らしている。自覚のないままにね。けれども、それが有効に機能するには、自分の心が外界でいかに活動しているかを認識し、自己を介して神の力を建設的な方向に発揮しなければならない。

神のエネルギーを理解し、正しい方向に建設的な目的で使用するよう常に心がける。これぞ地上のあらゆる事象の支配、熟練、完全性への道のりだ。この域に達していれば、さまざまな自然の力も意識で操れる。これまで君に授けてきた知識を十分把握していれば、誤った思い込みは完全に消えるだろう。すべては本人がどれだけ辛抱強く継続できるか、どれだけ内なる神とのつながりを深められるか次第だ。

マスターあるいはアデプト（超人）への道で、すべての力を意識的にコントロールする、物質を操るには、自身の内なる神の認識が第一歩。次いで、どんな状況でも感情を平穏に保つこと。三つ目、これが重要だが、『力の悪用へのいかなる誘惑にも揺るがないこと』だ。多様な感情を意識的に静めることは、事象を支配できるようになるための必須条件で、アデプトになろうと思うなら不可欠な資質だ。

個人の内面に生まれる不和を抑えつけろと言っているのではない。抑えつけるのではなく、心と体を取り巻く環境、状況に惑わされず、いかに心穏やかに調和を保っていけるかということだ。現代人に感情コントロールが容易でないのは承知している。人々の気質が衝動的、感情的で激《げき》しやすくなっているからだ。強大な力を有するエネルギーだけに、感情は適切にコントロールすべきであり、普段は建設的な目的のためだけに蓄えておき、ここぞという場面で意図的に放ってほしいものだ。エネルギーを制御し、無駄遣いを完全に克服できぬ限り、永続的な発展など到底期待できない。

よく学習者は、肯定の言葉《アファメーション》を使って意識上昇できるか尋ねる。純粋な意志で肯定の言葉を唱えれば、当然その言葉の真実は完全に聞き届けられる。ただし、肯定の言葉には外的意識《アウターマインド》の注意を真実へと向けさせ、感情に取り入れさせる役目しかなく、実際に顕在化するのは、放出された神のエネルギーである感情だ。

肯定の言葉を繰り返し使っているうちに、自分で顕在化させた以上の深い真実を得られるに至る。そうなると、もはや肯定の言葉として意識することもなくなる。人が肯定の言葉またはマントラや祈りを唱えるのは、何かの顕在化を願うからだ。正しい願いは、祈りのより深く適切なかたちである。肯定の言葉を使うことで、低次の性質を完全に真理として受け入れられるレベルにまで引き上げ、顕在化させる感情を生み出す。心から真実を受け入れて初めて、顕在化は起こるもの。語られた真実への関心が高いほど、即座に作用し出すものだ」

ここまで深く教えてくれるなんて。私はサン・ジェルマンに言葉で言いつくせぬほどの感謝の念を抱いた。そんな私の思考と感情を彼は本を眺めるように読み取っていただろう。私たちは黙って座り続けていたが、そこには完全なまでの意志の疎通がなされていた。思いを巡らす私に彼は、西に沈む美しい夕日の色を見るよう促す。

このまま山に一泊して、日の出を拝んでから家に戻れたらいいのに。そう思った途端、足元に寝袋が現れた。見たこともないほど見事な作りだ。どんな材質でできているのかと思い、触れてみると温かいので驚く。サン・ジェルマンに視線を向けると、笑顔でグラスを差し出してきた。蜂蜜のように粘度の強い黄金色の液体が入っている。口にすると瞬時に全身がエネルギーで満たされるのを感じた。飲み干したところで、私の手からグラスは消えた。

「残念。美しい創造物を心ゆくまで楽しみたかったのに、なぜ消えてしまったのですか？」

「我慢するんだ！」

サン・ジェルマンが答える。

「君の願いは一つずつ叶えられつつあるだろう？　寝袋は夜明けまで君のお供をするし、君の相棒、ジャガーが寝ずの番をしてくれるので心配ない」

温和な笑みを浮かべ、軽く会釈した彼の体が少しずつ輪郭を失い、やがてみな消えた。快適な寝袋に潜り込むと、私はすぐ眠りに落ちた。


東の空をバラ色に染める夜明けとともに目を覚ます。最初に頭に浮かんだのは、ひと晩世話になった上質の寝袋のことだった。もっとも、そのことを考えた矢先に、寝袋は元の場所、宇宙の供給源へと戻っていった。

ジャガーが寄り添ってきたので一緒に山を下り始めた。だいぶ下ったところで人の声が聞こえてきた。前を歩いていたジャガーが立ち止まって私を見つめる。柔らかな頭を撫でてやり、「さあ、もう戻っていいよ」と告げると、一足飛びで低木の茂みへと姿を消した。その後は特に問題もなく、夕刻にはロッジへと辿り着いた。

新たな考えに順応すべく、じっくりと思いを巡らしたかった。この二日間の体験は、不思議なこととはいえ紛れもない現実で、私の生活も意識も一変させるほどのものだった。新たな世界が目の前に開け、得も言われぬ幸せを噛みしめる。見た目は相変わらずの平凡な世界だったが、私の内には素晴らしい体験、驚異的な力、それまで知りえなかった新たな事実が確実に刻み込まれていた。

これまで創造物に囲まれながら生きてきて、無数の奇跡に気づくことなく当然のように生きてきた自分を思う。かつてないほど深く考えさせられ、物思いに浸った。

いつしか夕食時になっていたが、空腹は感じない。ロッジの主人に尋ねられ、牛乳を一杯だけもらうことにした。口にした瞬間の私の驚きぶりを想像できるだろうか。初めてサン・ジェルマンと会ったあの日に飲んだのと同じ、クリーム状の液体に変わっていたのだ。

飲み物だけの夕食を終えて自室に戻る。寝る前にシャワーを浴びようと準備し始めたところ、全身に電気が走るおなじみの感覚を味わった。何の気なしに手を広げると、数秒後に無色透明の小さな塊が現れた。すぐにこれはバスタブに入れるものだと理解し、湯船に落とすと、まるで生き物のごとく泡立ち始めた。

浴槽に身を沈めると、体中の細胞という細胞に奇妙な感覚が伝わっていく。高圧電流が流れ込んで充電され、私自身が輝き、強靭になったという印象だ。くつろぎのひと時を終え、ベッドに横になると、私はまもなく深い、深い眠りに落ちた。

3章　ロイヤル・ティトン

その後、何事もなく四日が過ぎた。その間私は自分の体験を振り返りながら、意識を深く掘り下げることに専念していた。五日目の夕暮れ、すでに外も暗くなりかけた時、部屋の窓に何かがぶつかる音がした。窓辺に歩み寄ると、白鳩がくちばしに小さいカードをくわえて立っている。

窓を開けてやると鳩は歩いて中に入ってきた。立ち止まり平然と私の反応を待っている。小さなカードを取り、メッセージを読む。

《午前七時、いつもの場所で会いたし。サン・ジェルマン》

前回と同じく手書きだったが、今回は金文字で記されていた。

役目を終えた鳩は私の肩に飛び乗り、何度か頭を私の頬にすり寄せ愛情表現を示すと、窓の外に出て矢のごとく飛び去っていった。私は無言で受け取ったカードを丁寧にしまう。大切にとっておきたかったからだが、翌朝出がけに探した時にはどこかに消えていた。前回もらったメッセージ・カードは、三日は保っていたのに。永久に手元に残るよう期待してしげしげと眺めていただけに、宇宙へ戻ったと知った際の失望は大きかった。

十六キロほど山道を歩き、朝七時に到着するには、夜半過ぎに出発しなければならない。ひと眠りして早めに起き、午前三時にロッジをあとにした。暗い中を速足で歩いたこともあって、夜明けには待ち合わせ場所の近くまで来ていた。聞こえてきた哀しげな鳴き声に、無意識に同じ調子の声で応じる。鬱蒼《うっそう》とした森を駆け抜け、何かが迫りくると思ったら、茂みから私の相棒、ジャガーが飛び出してきた。喜び勇んで抱きついてくる動物の頭を撫でると、そのまま一緒に山道を登り始めた。

七時ちょうど、サン・ジェルマンは大気中から現れ、私を抱擁した。またもやグラスを手渡してきたが、今回は発泡性の透明な液体で満たされていた。これまで飲んだことのない、形容しがたい味だ。氷で冷やしたグレープフルーツジュースに近いような気もするが、盛んに泡立っている。電気を帯びた液体が体中の血管を駆け巡るような感覚だった。

マスターはジャガーにも小さな茶色のケーキを与えた。あっという間に平らげる動物を見ながら、「これで君の相棒が今後シカを襲うことはなくなるだろう」と言った。

「さて、今日の体験では、君の体はここに置いていく。今日連れていく場所に行くには、内なる力を呼び起こす必要があるが、君はまだその術を心得ていないからだ。ジャガーが見守っていてくれるだろうが、念のため見えないマントで覆い隠しておく。行き先はロイヤル・ティトンだ。さあ、おいで」

瞬時に私は肉体を脱け出し、いつの間にか光り輝く金色の繊維でできた衣服を身につけていた。

「服地をよく見てごらん」

彼は話を続けた。

「この服は特殊な力をいくつも備えた素材で作られていてね。たとえば、これを着ると、物体を自由に持ち上げ、運べるようになる。服地の持つ純粋な電子エネルギーと重い物を動かす力が等価だからだ。途方もない作用をもたらすだけに、この服の地球上での使用を大いなる光のマスターたちに認めてもらったのは、今回が初めてのことだ」

読者のためにはっきりさせておきたい。この体験の間、私は四次元で機能する服を体の上に着ていた。それで、物質界で誰もが肉体でできるように、硬い物を摑んだり、触ったりする能力が与えられていたのだ。今回私が使った体は、世間でよく言われている「アストラル体」ではなかった。

まもなくアメリカ有数の美しい景観を見下ろすようにそびえる荘厳な山の頂に到着した。眼下にいまだ手つかずの鉱物が豊富に眠る、巨大な連峰と広大な密林が広がる。

戦場の瓦礫のごとく無造作に積み重なる巨大な岩々を進む。ある地点まで来ると、サン・ジェルマンは目印の玉石に触れる。すると即座に岩が傾き、人が通れるほどの隙間が開いた。あとについてくるよう言われ、彼に続いて中に入った私は驚愕した。目の前にブロンズの大扉が立ちはだかっていたからだ。

「アトランティス大陸が沈むより前、つまり一万二千年以上前から保たれてきた場所だ」

扉のいくつかの箇所を押すと、ブロンズの巨塊がゆっくりと開いていく。扉の向こうにある広めの空間には、山の岩盤を削って造った階段が下へと続いている。六十メートルほど下りると、別の円形の空間に出た。そこにあった扉に歩み寄ると、サン・ジェルマンは右手で触れる。

扉が開き、筒状のエレベーター・シャフトが現れた。艶消し銀のようだが……。私の思考を読み取ったマスターが答える。

「確かにそう見えるが、鋼鉄よりも強度があり破壊できない性質のものだ」

同じ金属の、エレベーター・シャフトにぴったりはまった平円板が静かに上がってきた。乗降の手順はマスターが心得ている。平円板の上に一緒に乗ると、扉が閉まり、下降を始めた。相当な距離を下ったようだ。先ほどとは違う形をしたブロンズ扉の前でエレベーターは止まった。

「山の内部、地下約六百メートルまで来ている」

エレベーターを降りながらサン・ジェルマンは教えてくれた。


扉の先は独特のデザインの空間だった。東西方向に長い楕円を描き、北東と北西方向に角のような切り込みがある。ロビーかエントランス・ホールといったところだろうか。エレベーターの出口は北東の壁にあるブロンズ扉だった。

北にはまったく同じ形をした二つのブロンズの大扉があり、広間の入口になっている。さらに四つ目の、エレベーターの出口と同じ扉が北西の壁にある。それらの対面にあたる、ひと続きのだだっ広い南側の壁には、巨大なタペストリーが掛かっていた。

それは類《たぐい》まれなる素材でできていた。織りは粗く、糸あるいは繊維はラクダ毛のように柔らかい。繊細なクリーム色の下地に、等身大と思しき威厳と力に満ちた男女の神々の姿が織り込まれている。宇宙の軍団に命令を下している場面だろうか。

男神はサファイア・ブルーの上質でゆったりとしたローブを羽織っている。豪華に金で縁取られており、権威の象徴であるのは一目瞭然だ。下には金色のチュニックを身につけている。胸元にはルビー、ダイヤモンド、サファイア、エメラルドの大きな太陽が輝く。腰に巻いた、宝石が埋め込まれた帯から約三十センチの長さの前垂れが下がり、そこにも同じ種類の宝石がたくさんちりばめられている。チュニックはひざ丈で、裾には十センチ幅の飾りテープがつけられ、宝石と同色の絹糸で重厚な刺繍が施されている。

何もかもが自ら発光しているような印象を受ける。脚は金色の革紐で編んだ膝まで届きそうなブーツに覆われている。非常に凝った作りになっていて、サファイア・ブルーの靴紐で結んである。肩から十五センチほど垂れたウェーブのかかった金髪を、額に巻いた幅約四センチの金色のバンドで軽く留めている。

淡いピンクを帯びた色白な顔で、目は深みのあるスミレ色。左手は心臓の辺りに触れ、右手には権威と力の象徴である光輝く王笏《おうしゃく》を持つ。笏の下端は尖り、上端にある直径七、八センチの球体からは白い光が広がる。

偉大な宇宙の軍団を操り、従える存在の肖像であるのは間違いない。若さがみなぎる一方、時代を経て年輪を重ねてきた者にしかない叡智も、視線から発せられていた。

女神もパートナーと同様、金で縁取りが施された権威の象徴らしき濃い紫色のローブを羽織り、その下には柔らかく金色の光沢のある、裾が床に届くほど長いドレスを着ている。タペストリーを織る際、神々の衣装を表すのに使われた繊維は、おそらくオリジナルの衣服と同じ素材に違いない。腰に巻いた帯は男神のものとまったく同じ宝石類で飾られ、同種の宝石がちりばめられた前垂れは膝下五センチほどまで達している。

右足のつま先がドレスの裾からのぞいているが、男神と同じ金の革紐で編んだブーツを履いているらしい。額にはやはりまったく同じ金のバンドを巻き、長い金髪はまっすぐに膝まで伸びている。瞳は男性神よりもやや明るいスミレ色だ。

胸元には金の鎖に一個のダイヤモンドをカットした大きな七芒星（訳注：七つの先端を持つ星）がぶらさがっている。左手には直径十五センチほどの大きさの水晶玉、右手には非常に変わった形の王笏を掲げている。下三分の二は金製で下端は尖り、上三分の一は水晶のような光輝く素材でできている。上端はフルール・ド・リス（訳注：紋章などに広く用いられているアヤメの花をモチーフにしたデザイン）によく似たデザインだが、中心の花弁がもっと長く、残りの四つの花弁もすらりと先が細くなっている。

右側の花弁は美しいピンク、左側は深いサファイア・ブルー、真ん中は澄んだ白色だ。いずれも透明で光を受けてきらきら輝いている。金と水晶状の素材は完全に溶け合って、境がどこだかわからない。女神の右手の王笏は創造の力の三側面の象徴だ。

一方、左手の水晶玉は宇宙の活動で将来現れる完全性を表現している。両神の王笏が象徴するのは、宇宙の物質を使った創造のあり方だろう。タペストリーに織られた図でさえこんなに神々しいのだ。二人が実在したとしても不思議ではない。私がタペストリーの素晴らしさに惚れ惚れし、そこに表現された概念を心ゆくまで観察している間、サン・ジェルマンは辛抱強く待っていてくれた。

「このロイヤル・ティトンの静修地《リトリート》を作ったのは、偉大なる彼ら二人だ」と締めくくりにサン・ジェルマンが述べると、私たちは身をひるがえし、北側に向かって右手の大扉を開けて中に入った。

内部は巨大な広間だった。聖なる儀式にでも使われる大ホールだろうか。そのあまりの壮麗さ、美しさに、描写の言葉が見つからない。眩いまでの輝きに目が慣れるのにも時間を要したほどだ。

奥行き六十メートル、幅三十メートル、高さ十五メートル。室内を照らす柔らかな白い光は、大いなる神々が明かりと熱、エネルギーのために使用している遍在する力で、静修地《リトリート》全体に絶え間なく流れているとサン・ジェルマンが教えてくれた。側面の壁六メートルほどと奥の壁は白メノウの層で、その端は幅六十センチ以上ある自然のままの金の鉱床を通り抜ける設計になっている。

広間の壁の大部分は明るいブルーの御影石だが、入口付近は一層上質のピンク御影石だ。いずれも高度な技術で丹念に磨き抜かれたものであるのは明らかだった。

アーチ型の天井は両側の壁から三メートル以上の高さがあり、中央には非常にユニークなデザインの象嵌《ぞうがん》が施されている。直径四メートルはくだらないであろう純金の円盤に、ちょうど収まる形でイエローダイヤモンド製の七芒星がはめ込まれ、全体が黄金の光線を発しているようだった。

この象嵌から二重の色の輪が放たれている。それぞれ幅二十五センチほどの光で七芒星の周りを囲んでいる。内側はローズピンク、外側は明るいスミレ色だ。星の背景が艶消し金のように見えるのは、星自体がきらめく透明な長い光線を落としているからだ。

これらを囲んで直径六十センチほどの小さな円が七つ配置され、太陽系を形づくる惑星と白い光のスペクトルに含まれる七色の光線を表している。惑星の表面はビロードのような風合いだが、もっと明るく、各光線が使ってきたより強力でポジティブな色合いの素材で覆われていた。

あとでサン・ジェルマンが教えてくれたが、特別な意図がある場合に限り、宇宙の大いなる神々はこの円盤を通じて強い力を流すという。送られた力は、光のアセンデッド・マスターとして知られる、無私の存在である偉大なる賢者が受け止め、人類に分け与える。放射される光線は、地上に生きる人間の体内にある七つのチャクラ、動植物にもよい作用を及ぼす。天井全体の背景は月の輝く明るい夜空の色で、表面はかなり湾曲している。

広間奥の壁の中央、床から十メートルの高さに直径六十センチほどの大きな目があった。神が自身の創造したものを永久に見据え、誰もその目から逃れることはできないという、「すべてを見とおす創造主の目」を表したものだ。

時に特定の成果を得るため、この目からとてつもない力が発せられることがあるという。いつの日かその場面に遭遇したら、どれほどの衝撃を受けるだろうかと興味が湧いた。

　東側の壁の末端から十二メートルほど手前に、縦約九メートル、横約二十一メートルの巨大なパネルが掛かっている。床から一メートル半ほどの高さに下枠が来るようになっていて、枠より五センチほど沈んではめ込まれたパネルの表面は緩やかな凹状を描いている。

　材質は美しく深みのあるインディゴ・ブルーのビロードのようだが、織物ではなさそうだ。似たような物質が鉱物の中にあるかもしれないが、おそらく地球上には存在しない物質だろう。光のアセンデッド・マスターたちが特別な目的のために宇宙の供給源から得たものに違いない。

　サン・ジェルマンの説明によると、やはりそのパネルは光の降雨で取り寄せたもので、イニシエート（秘儀参入者）や高い精神性を備えた集団内部のメンバーたちを指導するための、宇宙の鏡として機能するとのことだ。偉大なるマスターたちは、地上に生きる人類が完全な男女となり、かつてマスター・イエスが行ったことと同様の完全性と自己コントロールを外界で実現できるようになることを意図して、絶え間なく働いている。

　マスターたちほど完璧なメンバーが揃った集団は外界には存在しない。彼らの完全性に到達しようと思ったら、自分の欠点を修正し、内なる神を称えながら生きていくしかない。そうなって初めて、その崇高な任務に協力できるのだ。

「このパネルには地上の出来事、エーテル界の記録、アカシック・レコード、金星をはじめとする他の惑星の様子が学習者の目に見えるかたちで映し出される。過去や現在だけでなく遠い未来のことまでね。後ほど君にも見てもらおう」とサン・ジェルマンは言った。

外に出てすぐ右の扉を開け、別の部屋に入る。奥行き二十四メートル、幅十二メートル、高さ六メートルの広さ。天井がアーチ型のところは先ほどの大広間と一緒だ。

「室内の表面はみな艶消し金でできている。浮き彫りに見える紫や緑の筋は、光の降雨で取り寄せたものだ」と説明があった。

正面奥と右側の壁に、床から天井までびっしりと、艶消し銀と思しき白い金属性の棚が並ぶ。それぞれの棚にはおびただしい数の同じ金属でできた筒状の容器が置かれていた。各筒には四つの巻物が入っていて、蓋には象形文字で一つひとつ中身が記されている。

筒はどれも二十五センチほどの長さだ。二十センチほどの幅の巻物が収められているが、延べ金に何か柔軟性のある物質を混ぜて延ばした紙だ。通常私たちが使っている紙とさほど変わらぬ薄さだが、かなり丈夫なものだ。長さは二メートル程度のものから十五メートルに及ぶものまでまちまちだ。尖筆《せんぴつ》のようなもので文字が刻まれている。あまりに整然と並んでいるため、機械で印刷したかと思えるほど見事だ。

「先日、君にした約束を果たすとしよう」

棚の一角を指し示しながらサン・ジェルマンは言った。

「あそこにある巻物には、現在のサハラ砂漠にかつて存在していた都市、国、文明の記録が記されている。私が古代王国の統治をしていて、君が私の子として生きていた時代だ。この部屋には、出現しては滅んでいった多くの国と数々の文明の記録が保管されている」

彼は説明しながら筒の一つを私に手渡すと、中身を出して広げて見せた。そこに記された内容がすべて理解できたのには、私自身が驚くばかりだった。

「一時的に君の意識を高め、秘められた記憶を呼び起こすことで、読めるようにしている。それらの過去の記録はかつて君が生きた全人生の経験だからね。神と神が創造した宇宙を知ることとは、あらゆるかたちの生命の記録に接することに他ならない。すべての形あるものは生命を持っており、それぞれから生じる光の中には、そのものの全過去が含まれている。日々の活動からもたらされる困惑を静めるため、必要な自己訓練に時間や注意力を費やせば、誰でも過去の記憶に接し、理解できるようになる。この永遠の記録には、始原から存在したすべての物事が含まれている。

過ぎ去りし時代、人類はあらゆる方法で完全性を顕在化させていた。当時の人類の状態を歴史家たちはエデンの園と呼んだが、エデンあるいはE-DONとは、神の叡智を意味する言葉だ。時代が過ぎ、人間の意識の注意、あるいは心の外的活動が肉体的感覚の世界に向かうにつれて、神の叡智、全知全能の神の神の意識は曇り、個々の人生に与えられた宇宙の神の計画も沈んでしまった。形あるものすべてに優っていたはずの、人間の意識コントロールも完全性もいつしか影を潜め、忘れ去られてしまった。

人間は神の意識ではなく、自分たちの五感そのものを意識にした。自分の関心を引くものにだけ反応するようになった結果、故意に、意識的に当初から父なる神が授けてくれた自然を支配する力、完全性に背を向けた。あらゆる類《たぐい》の欠乏、限界、不和の体験を人間自身が創り出した。すべてと一体感を持つのではなく、一部分だとみなすことで不完全な存在だとの認識が固定化した。

人間の限界はいずれも、神の特質である自由意志を一人ひとりが悪用した結果にすぎない。自ら創造したものの枠内で生きることを強いる。その苦悩は、本人の心に外的活動への意欲が芽生え、すべての源である大いなる存在、自身の原点に再び意識的に目を向けるまで続く。だが一度その殻を破ってしまえば、自分が過去に何者であったかを思い出し、宇宙の大いなる計画の一部である自分を見据えることができるようになる。

いま君が読んだ記録には、七万年前に起こった出来事や以前我々が見たあの時代の人々と彼らの人生が記されている。ところでまだ明かしていない過去世で、君は何度もこれらの記録の編纂《へんさん》に関わっていたよ」

大広間を通り抜け、突き当たりの扉をくぐると、いまの部屋と同じサイズの部屋に出た。北側の壁にさらに二つ、小部屋が接している。ここも保管室らしく、同様に壁が棚で埋めつくされている。

「この部屋と隣接する二つの小部屋には、金と宝石類だけが保管されている。人類が自分のエゴイズムの拘束を乗り越えた暁には、全世界を祝福するために使われる予定だ」

そう言って筒の一つを取り出し、中を見せてくれた。金貨が詰まっている。

「海底に沈んでいたスペイン金貨だ。今後どんな方法でも引き揚げられないと判断し、我々が能力を駆使してここまで運んできた。まだ先のことだが、近い将来、外界で再び使われるのを待って、いまはここに保管してある」

別の棚を指差し、マスターは語り続ける。

「筒の中には、消滅したムー大陸、アトランティス大陸で使われていたものもあれば、ゴビ砂漠、サハラ砂漠、エジプト、カルデア、バビロニア、ギリシア、ローマその他のものもある。これだけの金があるなら外界での活動に一挙に投じ、社会に急激な変革を起こせばいいと考える者もいるかもしれないが、目下のところ、それは賢明なやり方ではない。地球に人類が出現して以来、ずっと人類を見守り続けてきた偉大な存在、大いなる宇宙のマスターたちの無限の叡智と力は、人間の理解をはるかに凌駕しているのだ。

地上界で、アセンデッド・マスターの介入や光の後押しなく巨額の富を築いた者はない。時折、特別な目的のために、ある人物が富の中心に据えられることがある。この場合、対象者には強大な力がもたらされ、人脈にも恵まれる。そのような経験はその者が試される時でもある。自身の光をより広げられる、またとない機会でもあるからだ。しばしば人間社会で起こる異例の成功体験は、どんなかたちでもたらされるかはともかく、アセンデッド・マスターの人知を超えた力や叡智、愛に基づく協力があってなされる。物質界のあらゆる限界を超越した存在が放つ大いなる力によって、驚異的な成功がもたらされているのだ。

一八八七年、アセンデッド・マスター集団は内面世界にアシュラム（訳注：霊的教育のための施設）を創設した。富を得ながらも悪用した者たち、自分の過ちを完全に認めている者たちの再教育が目的だった。その者たちには富全体を支配する宇宙の法則を確実に理解させ、自分たちの誤った考え方が永続するように他者に及ぼした悪影響をも自覚してもらう。示された証拠を受け入れるのも拒否するのも、完全に本人たちの自由意志に任されている。だが、例外なく事実を受け入れ、その後は教えに忠実であり続けているよ」

次いで隣接する二つの小部屋に入る。ここにも棚が並んでいるが、小さな筒ばかりだ。中はあらゆる種類の宝石類で満たされている。ダイヤモンド、ルビー、真珠、エメラルド、サファイア、それぞれ種類と大きさごとに整然と納められていた。微笑みながらサン・ジェルマンが私の方を振り返る。

「これであらゆる富を支配し、操作している唯一の所有者が、大いなる神であることがはっきりとわかっただろう。富は金や宝石だけでなく、光や知恵、物や健康の場合もあるが、どの分野であろうと、神は必ず宝の番人を置いている。いまこれだけのものを目の当たりにしながら、君が平静を保っていられるのは実によいことだ……。外界での活動への準備が整った段階でどうするか、いま自分が何をすべきか、君の内にある力と才能を如実に物語っている。すぐにその時が来る、と断言しておこう。

真の意味で世界の富を所有し、個々人の心や能力の試しとしてのみ利用しているのが、他ならぬ我々だという証拠を君は見たことになる。建設的なことに使用するためにも、十分な資質を備えた信頼に足る者にしか富は託せない。ところが、現代にはびこる誘惑のもとで、固い意志で貫き通せる者はごくわずかだ。我々もできることなら、神の子の中でも最も謙虚な者、十分心構えがある者を引き上げ、富と権力を与えたいと考えている。そのような傑出した人間ならば、他の者たちを支援することもいとわないだろう」

その後も無数の宝石類の筒を確認してから大広間に戻った。エントランス・ホール側の入口から私の最愛の妻ロータスと息子ドナルドが入ってくるのが見えた。アセンデッド・マスターの一人が二人を引率している。アメン・ベイとして知られるマスターだと、サン・ジェルマンが教えてくれた。挨拶を交わし合ったあと、私たち家族は、東側の壁の巨大なパネルの前の席に案内された。そこへ、アセンデッド・マスターたちが三人から十二人のグループでやってきて、最終的に七十名が席に着いた。

一同静まり返り、期待を胸に息を潜めて展開を見守った。するとパネル中央に淡い白色の光の玉が浮かび上がり、大きさと輝きをどんどん増して、二メートルほどの縦長の楕円になる。

すると光の中から生まれ出るように、背が高く威厳と力に溢れた見事なまでに神々しい存在が現れた。その存在は有限と無限を融合する仕草を見せると、みなの心と体の原子をくまなく震わせる朗々たる声で、「用意はいいか」と尋ねてきた。

パネルの構成物質から光線が前方へと放たれ、生命を持った光の鏡のように感じられる。一瞬透きとおった大気を映し出したかと思うと、たちまち宇宙の映像に変わった。単なる平面画像ではなく、空間に制限されずに必要に応じてさまざまな角度からの鑑賞が可能だ。大いなる知性が命じれば、永遠の場で起こったこと、あるいは起こるかもしれないことをスクリーン上で見られるということだ。

最初に映し出されたのはムー大陸だった。ムーの文明を築いた人々の活動や成し遂げた偉業、高い文化水準などが鮮明に伝わってくる。何千年かの繁栄の後、激動の時代が到来する。おそらくその地に暮らす人々にとっては恐怖が君臨したかのようだっただろう。天変地異が起こって地表が裂け、ムー大陸は海底に飲み込まれる。波間に消えた古代大陸は、水のマントに覆われ、現在の太平洋にいまも沈んだままだ。しかしいつの日か再び隆起し、太陽の光と生命を吸収する時がやってくるだろう。

次いで現れたのはアトランティス帝国の美と叡智、力の極みだった。巨大な大陸は現在の大西洋の大半を占めていた。中央アメリカとヨーロッパは陸地でつながっていたのだ。この時代になされた数々の功績は驚嘆に値するが、またもや人間が神のエネルギーを悪用し、崩壊の道を辿っていく。人心とともに大地も徐々にバランスを失い、天変地異で地表が裂け……と同じ歴史が繰り返される。

大陸自体は沈んだが、大洋の真ん中に弧絶したかたちでささやかな名残をとどめる。大陸の東側と西側は大西洋の波間に沈み、ポセイドニスと呼ばれる小さな島だけが残されたのだ。ポセイドニスはかの文明の核となる地で、未完の任務を進める拠点として最も重要な活動をしていた。肉体的にも精神的にも人類の能力はかなりのレベルに達していた。

ポセイドニスでは機械類の開発が際立っていた。顕著な例が完璧なまでの航空技術だ。当時と比べたら現代の空輸システムなど、あまりに初歩的で原始的だ。光と叡智の大いなるアセンデッド・マスターたちがポセイドニスの人々にそれほどまでの発展を許したのは、彼らが知性を駆使し、人類の活動全般に知識を守り伝えることを重視したからだという。

事実この時期、人間一人ひとりに宿る内なる神の力を認識するに至った者が大勢いた。だがまたしても人間の本性あるいは外的活動が、大いなるエネルギーを乱用する方向へ傾いてしまう。超越的な叡智と力を悪用する心、人間のエゴイズムの度合いは以前とは比較にならぬほど肥大化していた。古代の叡智のマスターたちは、人々が再び破壊的な想念を蓄積していることに気づき、このままでは三度目の天変地異は免れないと感じ始めた。二度、三度と人々に警告したものの、光に忠実な者たちだけが耳を貸したにすぎなかった。

アトランティスの記録文書は、不朽の素材で造られた巨大な建造物に何世紀にもわたって保管され、いまも大西洋の底に密閉保存されている。ゆくゆくは、アトランティス文明を導いた偉大なるマスターたちの手で人類にもたらされることになるという。

そこには、当時の人類の進歩と業績が記録されている。アトランティスの叡智は永久に失われたわけではないのだ。また、金や宝石をはじめとする相当量の富も他の安全な場所に保管され、まだ誕生していない未来の世代の発展のために使われることになっている。

最後の大異変が勃発して帝国の名残も沈み、自らを浄化すべく幾世紀にもわたって大西洋の底に眠る。しかしアトランティスの記憶も人々の知恵も完全に途絶えたわけではない。ムー大陸の時とは違い、何らかのかたちで世紀を隔てて語り継がれている。沈没してから一万二千年もの歳月を経ているにもかかわらず、アトランティスについてはさまざまな情報が断片的に残っているし、思いがけない時に思いがけないところから新たな証拠が出てきたりもしている。各地に伝わる神話、伝承にもアトランティスへの言及がある。はるか昔、この地球上に高度な文明が存在したことを忘れぬための人類の知恵が、神話や伝承だったともいえる。海洋学や地質学その他の科学の観点からも、古代に栄華を誇ったこの文明の水準の高さを証明する証拠が次々と見つかっている。

所変わって、ゴビ砂漠とサハラ砂漠に存在した古代文明の興亡の歴史が示される。両者は天変地異ではなく、同じ時期に転生した原始的な魂を持つ、粗暴な遊牧民の侵略によって滅亡したのだった。

次いで古代エジプト文明の勃興と衰退だ。当時この土地に転生した人間の多くが、知識の獲得と低次の性質の抑制を誇りとしていたが、知識と力の悪用で滅びたのは間違いない。つまり、個としても集団としても失敗に終わったということだ。

知識と力を正しく使うという点で、エジプト文明は精神的に高いレベルに達していた。それを達成するには内なる神に従う知性と謙虚さが求められるうえ、類まれなる力を得たいと望む者が外的自己《アウターセルフ》を無条件に抑制できなければ、破滅に向かうのは避けられないからだ。エジプト衰退期に転生した人々は、ゴビ砂漠やサハラ砂漠時代のような未開の民ではなかった。知識や力を意識的に使用する段階に至っていたのに、故意に悪用したのだ。これは叡智を伴う活動とはまったく相容れない。神の力を授かり実践する者は、知識や力の乱用の原因となる、どんな誘惑にも永遠に打ち勝つことが求められる。叡智とは、すべての顕在化の正しい使用である。あらゆる神の創造物に存在する、善の扉を開放するのは、不変の真理を実現する叡智なのだ。

古代エジプトを暗闇の地とみなすのはあまりに不当だ。文明が開化した初期には偉大な光が生じたわけだから、再びエジプトに偉大な光がもたらされるに違いない。

今度はローマ帝国の栄枯盛衰が映し出される。闇と退廃の世紀がどん底に到達した時、まさにイエスが地上に出現し、キリストの愛と光を注いだ。変容、復活、次元上昇を通して、神の完全性を浸透させ、地球全土を包み、人類が金輪際あれほど醜悪な闇の時代を迎えることがないようにした。イエスが生涯で成した偉業は、この惑星の大気中に永久に記憶され、人類を彼と同等の完璧さに導く磁石として作用している。

イエスの到来は私たち現代人にとっても、また将来あらゆる活動において神の愛の力を使う宇宙の軍団にとっても、一つの始まりとなった。地上が最も闇に包まれた時期に注がれた彼の愛の力が、個々の内に神の子を誕生させたからだ。その内なる神の子が宇宙の神の大いなる計画を呼び起こし、来るべき時代の天命を明らかにする。その計画というのは一人ひとりの人間の内に宿るキリストの完全なる成長によって、無限の物事を完璧にコントロールすることだ。

続いて、イングランドの獅子心王、リチャード一世の治世が映し出される。この時代、精神面においていかなる動きがあったのか、人類はほとんど知らないでいる。リチャードを十字軍や数々の冒険に駆り立てた光が、彼を通して追随者や同時代の人々にも注がれた。潜在意識のレベルでの変革をもたらすべく、アセンデッド・マスター集団はその光に含まれる力を使用したのだ。

場面は最近（訳注：本書は一九三〇年代に書かれた）ヨーロッパを中心に起こった第一次世界大戦に移る。戦争勃発に至る動きを明確にしている。おそらくこの戦争が起こった本当の理由を知る者はごくわずかだろう。意識で捉えるにはあまりに暴力的なので、この場で公表するのは控えたい。戦争に焦点を合わせても何もポジティブなものは得られないからだ。リチャード一世と世界大戦の間の時代が映し出されなかった理由も、おそらくそこにあるのだろう。

ここでアセンデッド・マスター集団の活動が公開された。先ほどの世界大戦の元凶と破壊的な想念の蓄積の大半を、いかにして解消したかも見せられる。マスターたちは膨大な光線を直接、意識的に照準を合わせて放射し、変容させ消失させていたが、その工程はあまりに緻密すぎ、とても書き記せるものではない。確実にいえるのは、彼ら完全なる存在たちは、これまで長らく人類に無償の愛を捧げるべき瞬間の到来を、辛抱強くうかがい続けてきたことだ。残念ながら人間はそのことをほとんど、あるいはまったく知らない。

主な過去の出来事から遠い未来の状況へと場面が変わる。地球全体に影響を及ぼす出来事を見せられる。そこには今後地上に生じる、環境も含めたさまざまな大変動も含まれていた。重要なものの一つは、北アメリカの発展だ。北アメリカの将来に関する神の計画は、多大な平和と美、成功、繁栄、精神の啓発、統治において集中的になされる。アメリカはキリストの光を携え、世界の国々を導く存在になる。なぜなら、現在わずかに兆しが見え始めている「黄金時代」の中心地になるのが、他ならぬアメリカだからだ。北米大陸の大部分の地が今後、幾世紀にもわたって存在し続けるだろう。このことは何千年、いや二十万年以上も前から知られていた。

映像は三時間ほど続き、大昔のことであるがゆえに歴史家の記録や科学の世界から完全に抜け落ちている出来事をたくさん見せられた。今日私たちが見ている映画がいかに優れ、美しいものだったとしても、宇宙のスクリーンで体験する生々しさに比べたらおもちゃにすぎない。ここでは宇宙の因も、その流れの先にある地球で起こっている数々の出来事も多面的に見ることができる。そのため映像を眺めていた者たちは、最高レベルの指導を受けていたともいえる。この内面世界における教育は学習者にとっての大きな助けだ。

指導の終わりに、サン・ジェルマンが私たち三人を、輝く光から出現した偉大なるアセンデッド・マスター・ラントと、その場にいた七十名のマスターたちに紹介してくれた。

ラントは私たち三人に語った。

「君たちが栄誉ある任務に就く準備が整い、再び我々と活動できるのを心待ちにしている。内面と外界の事象に完全に勝利した時、機会は到来する。その瞬間は刻一刻と近づき、その勝利がいかに偉大であるか、君たちは目の当たりにするだろう。日々、自分の内に大いなる神の存在を認め、その偉大な活動を完全に受け入れること。そうすれば道のりのどの地点においても決して挫折はありえないとわかるだろう。誠実な意志で『光』を探求する者はみな、アセンデッド・マスターから認知される。君たちとは大晦日の晩にここで再会することになるが、その時には金星から十二人の客人を迎える。その日をともに迎えられるのが我々の願いだ。サン・ジェルマンとアメン・ベイが君たちを導くであろう」

ラントが合図するのを見て一同が静まり返る。それぞれの任務に戻る前に、彼から愛の祝福を受けるためだ。数分後、祝福を受けた者の大半はその場で姿を消し、残りの者たちはエレベーターで去っていった。

「すっかり時を忘れて過ごしていたが、外界は現在、早朝三時だ」

サン・ジェルマンが告げた。

私が妻ロータス、息子ドナルドと抱擁したあと、サン・ジェルマンが別れの挨拶をし、二人がエントランス・ホールの右手一つ目の扉からエレベーターに乗って帰っていくのを一緒に見送った。

「戻る前にぜひ君に見せたいものがある」

私たちは再び保管室に戻った。

「ここには特別な機会に使われる非常に珍しい楽器が保管されている。いずれも我々の仕事と密接なつながりのある特殊な音を出すように製造されたものだ」

オルガンの鍵盤を指し示しながら話を続けた。

「一見パイプがないように見えるが、通常よりもかなり小さなパイプが内蔵されている。地上にあるパイプオルガンよりも上質の音が出る。黄金の時代の到来とともに、外界でも使われるようになるだろう」

続いて豪華なハープ四台を見た。地上で演奏に使われているものよりひと回り大きい。そのうち一台の前に座ったサン・ジェルマンはいくつかコードを弾いて、実際にどんな音が鳴るのか聴かせてくれた。初めて耳にする美しい響きだ。

「このハープは君の最愛の妻ロータスへのサプライズにしておこう。大晦日の晩、この静修地《リトリート》に集まった者たちは、名手たちによって演奏されるオルガンと四台のハープの音色を心ゆくまで味わうことになる」

ひととおり見終わったあと、保管室を出た私たちは北西の扉からその場を去った。

行きのようにエレベーターではなく、サン・ジェルマンが左手の小扉を開けて私を通すと、輝くトンネルに出た。電子物質の操作で彼が発する白い光を受け、透明な壁という壁がきらめいている。足早にトンネルを進み、ブロンズ扉に辿り着く。彼が軽く手を触れただけで自動的に開いた。表に出てみると、夜明け間近の空に満天の星が広がっていた。

完全なる静寂にしばし浸ったあと、百五十メートルほど急上昇して、空中をひとっ飛びし、ほどなくシャスタ山の中腹、ジャガーが見張っている私の体の横に舞い降りた。二十二時間、自分の肉体から離れていたことになる。東の空に朝日が顔を覗かせ始めていた。

「さあ、君の朝食だ」

そう言ってグラスを手渡すサン・ジェルマン。真っ白な泡立つ液体で満たされている。

「爽快で強壮に効くから気分よく歩いて帰れるだろう。君の体は動きたがっているからね。何か心に気がかりなこと、あるいは意識に不明瞭な部分があると見受けられるが」

「ええ」と私は答えた。

「どうもいま一つ腑に落ちず、前から気になっているのですが、視覚化《ビジュアライゼーション》とは、本当はどんなものですか？　それを体験するとどうなるのでしょうか？」

「真の視覚化は神のまなざしが持つ力、神の視力が人間の精神で作用することだ。望みが叶った自分の姿を心の中で意識的に想像することが、思考を現実化し、実体験できる状態を引き寄せる最も効果的な方法だ。とはいえ、視覚化あるいは願ったものを思い描くとき、多くの人の心にはさまざまな困惑や混乱が生じている。それで、それがそのままそっくり宇宙に形を取って現れてしまうわけだ。あらゆる思考には形がある。抽象的な思考でさえも何らかの形や、その人なりに心で描いたイメージがあるからだ。

一つの訓練方法を教えておこう。視覚化を意識的にコントロールし、向上させ、明確な成果へと導くやり方だ。いくつか段階があるが、分けて説明していく。学習者がいつでもどこでもできるものだ。適切に実践すれば、目に見えるかたちで成果が得られるはずだ。

最初のステップは、顕在化してほしいと願うものをはっきりさせることだ。当然ながらその願いは、高潔で、建設的で、時間や労力を費やすに値するものでなければならない。なぜ外界にそのような創造物をもたらしたいのか、そう駆り立てる動機を熟考する必要がある。感覚的な欲の追求ではないことを、自身にも他者にも誠実に示せなければならない。目的、願い、欲には明確な違いがあることを忘れずに。目的は宇宙の法則への奉仕に尽きる。願いは継続的な顕在化で完全性を増し、神の活動を拡大すること。欲は人間の本能を満たし続けることによる悪習慣にすぎず、生命の外界での活動から示唆され、よくない方向にエネルギーを集中させたり、悪いエネルギーの使い方をしたりすることだ。

他者の犠牲のもとに自分の利益を得ようとする。ほんのわずかであってもそんな気持ちが潜むことのないよう極力注意してもらいたい。真の学習者は自らの手で感情を制御し、外的自己《アウターセルフ》を意識的にコントロールするものだ。それができる者だけが、この訓練から確実な利益を得られるだろう。自分の世界に何が適切で何が不適切かをきちんと判断し、心に人生の鮮明な計画を描き、視覚化の過程を経て、それを確実に現実のものとする。

二つ目のステップは、できるだけ的確、簡潔に自分の計画を言葉にすること。書き記すのが望ましい。そうすることで外界においても目に見えるかたちで君の願いが刻み込まれていくことになる。

三つ目のステップは、目を閉じて自身の願いが完全な状態でことごとく実現された場面を心で見ること。

意識の中で自分には創造する力があるという事実を熟考し、実現された場面を見るのは、神の視覚が君の中で機能している証拠だ。物を見る行為も創造する力も、君が知っていて、その存在を常に感じている内なる神の特質だ。内なる神の生命と力は、君が内面で見て、感じるものを外界に押し出そうと、君の意識の中で行動している。

視覚化が神の特質であることを常に頭にとどめておくこと。完璧なイメージを描き、感じ、体感するのも神の力だ。描かれたイメージや計画を形にする物質も、神の純粋な物質だ。それから、知っておかねばならないのは、神が、顕在化の世界に力を送り続けてきたすべての建設的な方法や動きの実行者、行動、行為そのものでもあるということだ。したがって、建設的な過程を着実に踏む限り、君の計画が顕在化しないわけがない。

自分の計画、願いを空き時間に何度も読み返すこと。毎晩寝る前にもだ。眠りに落ちる直前に心の中で深く見据えていたイメージは、かなりの時間、何の妨げもなく人間の意識に完全な印象を残すため、外界での活動の際にも深く記憶されており、実生活の体験に反映させる力を与える。この方法によって君はいかなる願い、あるいはイメージも意識に導くことができる。君の意識は眠っている間に大いなる沈黙に入るからだ。そこで意識は神の最大の力と活気によって充電される。それらは常に大いなる沈黙の心の中にある。

どんな状況でも、君の願いや視覚化したものについてのコメントは避けねばならない。これは命令だ。大声だろうと小声だろうと絶対に話すな。現実化には多大なエネルギーを要する。視覚化、熟考、思い描いたものを実感することによって生み出されたエネルギーの蓄積量が多ければ多いほど、君の外界での体験に入ってくる、つまり実現へのスピードが速くなるからだ。

友人や知人たちにコメントさえしなければ、多くの願いや考え、野心が現実化していたかもしれないのに。意識的に視覚化し、それを顕在化させようと決意した際、君は法則――神――に変わるのだから。一なるものの法則は誰にも妨げることはできない。まずは君自身の決意を言葉にして、全力を注いで自分の命令を支えていくように。ためらいは禁物だ。君の下した命令を望んでいる、感じている、表現している、コントロールしているのが、神である事実を絶えず自覚し、感じること。

これが一なるもの――神――の法則、そしてつまり神の、神だけの法則だ。このことが完全に理解されぬうちは、君の願いが顕在化することはまずない。たとえ一瞬でもそこに人間的な要素が入ったなら、神の手から奪い取るかたちとなり、現実化はされない。神のものでない人間の認識に基づく時間、空間、場所、あらゆる想像上の状態に相殺されるためだ。

そういった神に反する物事を考え続けている限り、神を知ることなどできない。双方の力が拮抗し、中和されてしまう。中和が起こっている以上、どちらの向きにも力は発揮されない。何も具現されないか、されても願ったものではないものが現れるかだ。一なるもの――神――を心から認めるときには、瞬時に完全性だけがもたらされる。時間はかからない。拮抗と中和が起こらず妨げがないので、神の命が成就するだけだからだ。

神の力と拮抗する力を認めている間は、完全性を望んでも状態の改善はありえない。言い換えれば、神の完全性が現れるのを阻む何かが、自分の内か外にあるということだ。神のようになれるはずはないと認識し、わざわざ不完全性を選び、それによって失敗する。これは故意で意図的な失敗だ。何を思い描こうと本人の自由だからね。ついでに言っておくと、完全なものを思い描いたり、考えたりする行為は、不完全なものを思考するよりも、要するエネルギーははるかに少なくて済む。

宇宙における君の世界や居場所に、完全なものをデザインし、創造するのは君自身だ。完全なものを顕在化させ、状況を完全にコントロールしたければ、一なるものの法則だけを熟知するべきだ。一なるものは存在し、この宇宙全体を完全に支配している。君は自意識を持った生命、至高の一なるもの、偉大なる愛と光の炎の『存在』だ。君の人生にもたらしたいと願っているものの質や形を選び、命じる者は君しかいない。君の世界とそこに含まれる物事すべてに働きかけられるのは君だけだ。君が思考し、感じるとき、君の生命エネルギーの一部が、創造を支えるべく威力を発揮する。

思い描いた物事の顕在化に対する疑念や不安は、すべて頭の中から取り除くように。そのような不完全な思考や感情（それはやはり不完全な人間が発するものだ）が、自分の意識に入り込んでくるようなら、ただちに自分は内なる神である、自分の世界は一なるもの――神――の生命であるという完全な認識と入れ替えてしまう方がいい。それから先は、視覚化していると き以外、そのことについてはまったく意識しない。結果が生じるまでの時間は心に定めず、いまこの瞬間だけを意識する。この規律を守り実践すれば、何の妨げもなく力を発揮し、決して失敗することなく顕在化できるだろう。

常に自分自身が神の似姿であることを思い出すように。君は神の知性そのもの。神の力の推進者だ。行動しているのは君の本質である神の本質なのだ。君がこの方法を実践し、実現する場面を頻繁に熟考することで、宇宙全体が君の願い、命令、思い描いたイメージが実現するよう後押ししてくれる。それが自意識を持った生命に元々備わる、神の計画に則《のっと》った建設的な願いだからだ。我々の人間性が真に神の計画に同意し、受容すれば、願いの実現が遅れることも失敗することもない。すべてのエネルギーには本来、完全性を目指す性質が備わっていて、創造主への奉仕に向かわせる。完全性こそが宿命なのだ。

君の願い、あるいは思い描いたイメージが建設的なものであるとき、君は神自身の計画を眺める神になる。神が眺めるとき、それは取り消しの利かぬ命令になる、つまりいますぐ顕在化する。天地創造の際、神が『光よ、あれ』と命じ、即座に光ができたのを思い出してもらいたい。光の創造に永劫の時は必要なかった。それと同じ神がいま、君の中にいる。君が見、言葉を発するとき、君の中で、君を通して、神が見、言葉を発しているのだ。

この真の意味を理解すれば、神の完全なる力と権限によって命じることが可能になる。神の生命の意識と君が同一化しているからだ。君の自意識だけが、建設的で完全なる神の計画を願い、描き、命じることができる。建設的な計画はどれも神の計画だ。一体化している以上、いかなる計画、構想も神のものだ。神が動いている、『この願いあるいは計画がいますぐ果たされるように』と命じていると君が理解していれば、すぐに果たされる」


語り終えたサン・ジェルマンは、微笑みながらしばしの別れを告げ、視界から消えた。私はロッジに向かって歩き出した。ジャガーが軽快な足取りで伴走していたが、まもなく樹木の間を駆け抜け、鬱蒼とした森の中に姿を消した。二十四時間何も食べていないのだから無理もないことだ。

そのまま私は歩き続け、午前十一時に帰着した。その後は一日中、貴重な体験が得られた栄誉を噛みしめながら、学んだことの重要性を十分に理解しようと努めて過ごした。思いがけず世界に対する認識ががらりと変わったことに自分でも驚くばかりだった。

4章　イエローストーンの謎

あれから一週間が過ぎ、九月第一週に入った。八日目の午後、生命とその無限の表現に思いを巡らせようと椅子に座った瞬間、私の思考は自然とサン・ジェルマンに向かった。たちまち内から彼への計り知れない愛が溢れ出し、彼の光、彼の多大な支援を通じて、かけがえのない体験ができる栄誉への感謝の念でいっぱいになった。

そよ風のように何かが部屋にやってきた、そんな感覚を覚えた途端、サン・ジェルマンがそこに立っていた。いつものごとく微笑みを浮かべ、神々しさを漂わせながら。

「思いがけぬ訪問に驚いたかい？　君が私を思うと私につながり、私が君を思うと君とともにいる。もう承知しているだろう？　少し前に君がしていた瞑想で、君が私に注目したため私はここに現れた。人は想念によって自分に引き寄せる。法則どおりではないかな？　だったら、ごくあたり前のこととして認めたらいい。

あえて助言しておこう。どんな状況でも決して驚いたり、失望したり、気分を損なうことがないよう鍛錬するように。自身の内にあるすべての力を、絶えず完全にコントロールできてこそ、統治権は与えられる。それは『光の道』を歩む者への報酬だ。マスターの域には自己修正によってのみ達することができる。

支配の権限、統治権は、従うことを学んだ者だけに永久に与えられることを忘れずに。一なるものの法則に従うことを学んだ人間は、唯一の宇宙の因になる。宇宙の因とは愛だ。つまり類似した性質であるゆえ法則そのものと化すのだ。よって、調和のとれたもの以外、発しないよう努めてくれ。破壊的な言葉が口から出ぬよう、仕草にも表れぬよう気をつけてもらいたい。永遠の瞬間ごとに、何らかの力を自分が示している事実をよく自覚し、いついかなる時も自分を律するよう肝に銘じていてほしい。

ところで、今日私がここへ来たのは、君を重要な旅に連れていくためだ。三十六時間は費やすことになる。部屋のカーテンを閉めて、ドアにも全部鍵をかけ、ベッドに横たわり体を置いていく。そうすれば戻ってくるまで安全だ。これまでの過程で君はかなり内面的に進歩している。今回の旅では非常に興味深く楽しい体験が待っていると予告しておこう」

私はベッドに横たわり、すぐにリラックスして気を静めた。いつの間にか自分の体を脱け出し、傍らに立っている。先日ロイヤル・ティトンに行った際に使用したのと同じ金色の服を身にまとっていた。密度の感覚が消え、濃い霧を貫くように壁をすり抜けられた。壁自体が密度を失った状態ともいえる。

今回は空中を移動する間、意識がはっきりとしていた。どこへ向かっているのか尋ねなかったが、ほどなくロイヤル・ティトンに到着した。東側には雄大なロッキー山脈がそびえ、その先には広範囲にわたって亜熱帯性の植物が豊かに繁る平原が広がる。自然の恵みとともに人々が平和に暮らしていた、そんな過去の時代であろうか。

西側にはシエラネバダ山脈とカスケード山脈が見え、そのさらに先にはコースト山脈が連なっている。海岸線はまったく変わっていた。北方向を見下ろすと、イエローストーン地区が見えた。見事な美しさを誇るイエローストーン、そこには現代のアメリカ文明につながる古代の驚異と謎が隠されている。

サン・ジェルマンが解説する。

「あそこは一万四千年以上前からずっと『イエローストーン』と呼ばれている。当時ポセイドニスの文明は、王国の政治を担っていた偉大なる光のマスターのおかげで非常に高いレベルに達していた。大いなる叡智が悪用され、衰退したのは最後の五百年のことだ。イエローストーン地区の範囲は現在まで変わっていないが、当時そこには世界のどの地域とも比較にならないほど豊かな金鉱山が存在した。金鉱山は政府の管轄下にあり、富の大半は化学実験や発明など、科学分野でのさまざまな研究にあてられていた。

ここから六十キロほど離れた場所にダイヤモンド鉱山があった。そこで採掘される石は最高に美しいイエローダイヤモンドで、地球上でそれ以上見事なものはあとにも先にも見つかっていない。その鉱床から発見された石の中には稀に完璧な美を備えたものがあり、適切な方法でカットすると中心に小さな青い炎が液状の光のように透けて見えた。そしてしかるべき人物がそれを身につけると、炎が放つ輝きが石の表面から二、三センチ広がるほどだった。

もっとも、そのタイプの宝石は神聖視され、アセンデッド・マスターたちの秘密の儀式といった高尚な目的以外に使用されることはなかった。そのうち十六個は聖なるものとしてロイヤル・ティトンの同胞団によって保管されているが、時機が来ればいずれ使われることになる。これらの素晴らしいダイヤモンドが理由で、この山が『イエローストーン』と呼ばれるようになり現在に至っている。

双方の鉱山を発見したのは君だ。物的証拠となる記録を見せよう。そこには発見年月日、採掘期間と採掘総量、作業の妨げになる地表の不要物をどけ、鉱内の金塊に働きかけ、加工しにくい鉱石を本来の八十七パーセントの硬さに変質させるのに使われた機材の説明、積み荷の発送地、閉山し封印された日付が記されている。これがその記録のコピーだ。

ポセイドニスの時代に転生していた君は、素敵な家で姉妹と二人で暮らしていた。彼女は現在の君の妻ロータスだ。両者は高い精神性を持ち、内なる神と深いつながりを保って暮らしていたため、いかなる時も神が支えてくれた。君は鉱山局の役人として活躍し、その関係から見事な飛行船を発明、製造した。それに乗って各地の山々を視察していた。ある日、深い瞑想状態の中で、君は二つの鉱山の場所を啓示される。後に君が発見し、採掘が開始し、管理は政府に委ねられた。さて、説明はこのぐらいにして証拠を見せるとするか。いまだ知られざる存在であるそれらの鉱山に実際に入ってみよう」

ロイヤル・ティトンをあとにし、再び天翔《あまか》ける自分を実感する。イエローストーン国立公園内のとある地点まで素早く移動し、地上に降りた。見るからに頑丈そうな岩の壁が目の前に立ちはだかっている。

「どこから入ればいいいか、見当がつくかい？」

振り向いたサン・ジェルマンが私に尋ねる。

「いいえ。ただ、ここに入口がある気がします」

巨大な花崗岩の壁の一点を指して私は答えた。微笑み返したサン・ジェルマンが、私の示した位置に手をかざすと、瞬時に私たちの目の前に鉄扉が出現した。

「見たかい？　我々は秘密の場所を定めたあと、独自の方法で入口を封印する。そうすれば我々が望まぬ限り、誰にも見つけられないし入ることもできない。場所や物の封印に使う物質は、みな宇宙から取り出す。見た目は岩とまったく同じだが、はるかに硬い物質だ。

　このやり方で、大いなる白色同胞団《グレート・ホワイト・ブラザーフッド》の静修地《リトリート》、建造物、地下都市、鉱山、秘密の部屋など、すべての入口を守ることができる。それらの場所は七万年以上前から完全な状態で保たれ、我我がもう使わないと判断したとき、宇宙に戻す。わかったかい？　すべての力を従わせられるのは自身を律することができる者だ。宇宙に遍在するあらゆる力が、我々が命じるのを待っている。そのためには、行使する我々がいつでも叡智と愛の一部にならねばならない」

　目の前にある扉には、ちょうど私の肩の高さに鉄でできた男性の右手の複製があった。奇妙なほどいまの私の手に似ている。

「この鉄の手に君の手を置いて、強く押すんだ」

言われるままに手を置くと、やはりぴったり合った。そのまま力いっぱい押してみた。ゆっくりと開き始める大扉を見て、彼が言葉を続ける。

「君は過去の転生で何度もこの形、この大きさの手で生涯を送っている。この扉は時の政府が鉱山の発見者である君に敬意を表して作ったものだ。その鉄の手は、一万四千年前の君の手の複製だよ」

扉をくぐって長く丸いトンネルに入る。行き着いたのは大きな空洞だった。驚くことに白い色をした金属でできたさまざまな種類の器具や機械が、完全な状態で保管されていた。まるで昨日でき上がったかのような新しさだ。空洞の中央にはエレベーター・シャフトが設けられている。はるか昔に鉱山内で使われていた施設や機械がこれほどシンプルで完璧だったなんて。いまの鉱山技師たちが見たら目を丸くするに違いない。ここで使われているのと同じ方法が、アメリカで再現されるのは次の世紀になるだろう。

サン・ジェルマンがエレベーター・シャフトに寄ってレバーを操作すると、独特の形をしたエレベーターが上がってきた。中に入り、内部のさらに小さなレバーを彼が押すと、下降し始めた。六十メートルほど下って一旦停止し、さらに二百十メートルほど下った地点で降りた。そこは中央駅になっていて、その駅を基点に車輪の輻《や》のように五つの地下トンネルが放射状に伸びている。

トンネルはどれも完全な円筒状で、機械と同じ白色のメタルでできていた。かなり厚みと強度があるので、山自体が崩壊しない限り壊れはしないだろう。五つのうち二つのトンネルは全長が六百メートル以上という。中央駅には全車両を統御するエンジンがあった。

サン・ジェルマンが説明する。

「この白色メタルは貴重な大発見だった。軽いのに他のどの金属よりも高い強度を持ち、永久に錆びることも汚れることもない。この古代文明がいかに高い水準を誇っていたか、その一端を垣間見ただけでも十分わかると思う。過去にこれほどの高度な技術が存在し、いま君たちの世代が再現を目指しているわけだ」

トンネルの一番奥まで着いたところで、彼は当時使用されていた削岩機を見せてくれた。

「これらのドリルは、先端から直径二、三センチほどの青白い炎の光線を発する。光線は驚異的な速度で岩盤を貫通する」

中央駅に戻り、二つのトンネルの間にある三角形の部屋に入る。奥にまったく同じ白色メタルでできた容器がいくつもある。三十センチ四方、長さ九十センチほどの入れ物だ。サン・ジェルマンがそのうちの一つを開け、カットする前のイエローダイヤモンドを見せてくれた。

あまりの美しさに私は言葉を失った。「本当に物質として存在していたの？」と疑問を持たれるかもしれない。そういう人には、もちろんです！と胸を張って答えたい。あなた方が指にはめているダイヤモンドと同様、物質として確かに存在していましたと。別の容器はすでにカットされた、相当価値のありそうなダイヤモンドでいっぱいだった。

ひととおり見学を終え、鉱山の入口に戻った。元の状態に戻すため、サン・ジェルマンは扉を閉め、しっかり封印した。アセンデッド・マスター以外の者には、周囲の岩とまったく区別がつかないだろう。

地面から飛び立ち、約六十キロ離れた金鉱山へ向かい、山頂にある円錐状の岩の近くに降り立った。岩は見るからに硬そうだ。直径四十五センチ、高さ三十センチほどだろうか。

「よく見ていてくれ」

サン・ジェルマンが岩に手を当てると、円錐部分がゆっくりとずれていき、下へと続く狭い階段が現れた。ある程度降りると、ダイヤモンド鉱山の時と同じくエレベーター・シャフトの上端と思しき空洞に行き着いた。

「ここには砕石機がないことに気がついたかい？」

案内しながらサン・ジェルマンは話を続ける。

「何もかも鉱山自体で行われているため、地上から操作するものが一つもないのだよ」

百二十メートルほど下った地点に別の巨大な空洞があって、金の加工用機械が設置されていた。工程を説明されたが、あまりにシンプルすぎて正直なところ信じられぬ思いだった。

さらに二百四十メートルほど下る。内部の構造はダイヤモンド鉱山と同様で、中心から放射状にトンネルが伸びている。各トンネルの間に三角形の部屋が三つ設けられ、閉山直前に産出された余剰分の金の保管場所となっている。ここにも白色のメタルの容器が積み重ねられていた。そのうち三つだけ中身を見せてくれた。

一つ目の容器には、地下二百四十メートルの深さにある太古の河床の層から採掘された天然の金塊が入っていた。砂利が金を包む形でくっつき合っていたのだ。その地層は厚みが三百六十五メートルもあって大量の金が含まれていたという。二つ目には地下百二十メートルの深さにある白石英の鉱脈から採った金のワイヤーが、三つ目には三・六キログラムほどの重さの円形の金無垢が詰まっていた。

「あらゆるタイプの金を保管するこの場所は、マスターたちの間では『金塊の間』として知られている。この金鉱山の記録のコピーもここに保存されている。原本はロイヤル・ティトンの静修地《リトリート》の資料室にある」

地上に戻り、前と同じように入口を封印すると、サン・ジェルマンは私の方に向き直って言った。

「二つの鉱山の発見者だった君は、仲間たちと協力して鉱山内に完璧な施設を建設した。白色メタルの記録書も作成しているから、ロイヤル・ティトンで見せてあげよう。一万二千年前の天変地異が近づきつつあると悟ったアセンデッド・マスターたちは、二つの鉱山がさほど影響を受けることはないと知っていた。そこで遠い将来、再び稼働させる目的で閉鎖し、封印した。我々がたったいま、足を踏み入れたのがその場所だ。

数限りない転生中、別々の時代の七つの過去世で、君はこれらの記録を作成するために過去の記憶を呼び醒ましている。そして今回もまた、全人類に恩恵をもたらすべくここにいるというわけだ。幼い頃から君があらゆる種類の古文書に強い関心や敬意を抱いていた理由はそこにある。この人生でも君は多くの記録を作成することになるだろう。

そろそろロイヤル・ティトンに戻ろう。大広間の隣にいま述べた記録が収められている。我々が前に訪れた部屋には各文明の記録のみが保管されていたが、そこには科学の分野における発明や発見が保管されている」

静修地《リトリート》に戻り、初回と同様、エレベーターを使って内部に入る。エレベーターを降り、右側二つ目の扉をくぐる。科学関連の記録が収められた部屋に直接通じている。おおよそ奥行き二十一メートル、幅十二メートル、高さ四・五メートルの空間だ。壁も床も天井も全体が不朽の白色メタルで覆われ、棚も記録を収めた容器も同じ金属でできている。

サン・ジェルマンは後ろの棚の一つから私が作成したというダイヤモンド鉱山の記録を抜き出し、私に手渡す。前回と同じように記された文章は難なく読めたが、今回は自分の内なる神を呼び起こすよう指示された。そうすれば、当時私が得た知識を余すことなく明かせるのだと。記録自体は簡素なものだったが、そこには発見から稼働状況に至るまでの歴史が凝縮されていた。引き続き別の巻物を手渡される。こちらは金鉱山の全記録だ。

「これで私の説明の物的証拠を自分の目で確かめられたわけだ。君にはわかってもらいたい。確かめようのない事柄を私が口にすることはない」

私の心も体も射抜くような視線で見据えながら、さらに言葉を続ける。

「ただいまのような経験をしても、君は賢明な態度を崩しもせず、冷静さを失うこともなかった。次の段階は君の心のあり方次第で大きく結果が変わる。すべてをコントロールする内なる神に全神経を集中させるんだ。君の中に常に神があることを忘れるな」

その後起こる光の体験に備え、私を強化すべく警告したのだろう。あらかじめ私の気を引き締めたうえで、大広間を横切り西の壁にあるブロンズの大扉に向かう。彼が手を触れると扉は緩やかに上に開き、私たちが通ると自動的に閉まった。

滅多に人間の目が見るのを許されないものを目の当たりにした私は、身動きが取れなくなった。その光景のあまりの美しさと不思議さに圧倒され、呆然とするしかなかった。

三、四メートル前方に底面が四十センチ四方、九十センチほどの高さの雪のように白いメノウのブロックが立っていた。その上には、ひっきりなしに揺れ動く無色の光を宿した水晶玉が載っている。そこから放射状に七色の光線が発せられ、十五センチほど離れたところまで達していた。絶えずきらめく球体は、まるで生き物のようだ。

水晶玉のてっぺんには三本の炎の羽根――色はゴールド、ローズピンク、エレクトリックブルー。いずれも九十センチ以上の丈があり、先端はダチョウの羽根のように曲がっている――が噴き出て、優雅で美しく永遠に揺らめいている。言葉でうまく表現できないが、驚異の球体から発せられる輝きが、電子エネルギーのようなものを室内全体にもたらしている。光と生命、美しさに満ちた場面を前に、人間の表現力は手も足も出ない。

サン・ジェルマンに促されるまま部屋の奥へと向かって歩く。水晶製の棺が三つ、縦にした状態で並んでいて、いずれも人体が収められている。そばに寄っていくにつれ、ショックで心臓が止まりそうになった。人体は妻ロータス、息子ドナルド、そして私自身のものだったのだ。古代の転生時に使用した肉体らしい。ロータスは現在の姿にかなり近いが、息子と私はいまとは比較にならぬほど均整の取れた体つきで、古代ギリシアの彫像のような完璧さを醸している。

まるでただ眠っているだけではないかと思われるほど、三人の体は生気に満ちていた。揃ってウェーブのかかった金髪で、以前タペストリーで目にした神々のローブとよく似た金の生地の衣服を身にまとっている。アセンデッド・マスターは肉体を一瞥しただけで、その者の転生時に刻まれた体験の一つひとつを見透かすという。これらの体は各自の人生における活動を記録するための鏡としての役割を担っているに違いない。だからといって、備わった完全性が失われることはない。

棺は三つとも水晶を載せていたのと同じ白メノウの台座に載っていた。縁を囲む溝にぴったりはまった水晶の蓋で覆われているが、封印はされていない。蓋の中央、胸の位置には七芒星がついており、その下に象形文字が四つ並んでいる。蓋の上端、頭頂部の位置には六芒星がついている。肩の位置には握手をする二つの手、足元には輝く松明《たいまつ》があり、炎が棺の蓋に触れている。この炎は、室内に漂う他の色の光線には影響されないらしく、黄金色に保たれている。

蓋の下端、両足の下の位置には五芒星がついている。どの象徴も水晶に浮き彫りを施したものだ。

「ここに収められた体は、ご覧のとおり君たち三人が過去の転生で使用したものだ」

サン・ジェルマンは説明してくれた。

「特別な任務を遂行するため、黄金の都をあとにした時にね。三人とも傑出した功績を上げ、その時の人生を全うしたことを大いなる宇宙の存在が高く評価し、君たち三人がこの肉体でアセンションし、黄金の都に戻れる瞬間まで、三人の体を丁重に保存するよう命じた。当然、その命令はただちに実行され、ご覧のとおり体は完全な状態で保たれている。

これで先ほど私が言った意味がよく理解できたと思う。神の愛と叡智、完全性のみが、君の心身を通じて常に活動できるために、自分の意識をしっかり保ち、内なるキリストに深く集中することが何にも増して不可欠なのだ」

その瞬間、巨大な力と輝く光が私の中から湧き出て、私の内なる神が語り始めた。

「偉大なる光のマスター、我が父、我が兄弟、我が友よ！　大いなる神の子よ！　まさに永遠の愛を持つそなたは、その愛を通じて低次三界層（訳注：物質界、感情またはアストラル界、メンタル界）を克服し、永遠の平和と熟達という尊いものを達成した。そなたがこよなく愛する神の子一人ひとりに宿る偉大な内なる神が、そなたが長らく望んできた他者への奉仕に向けて、あらゆる援助を与えるべく、まもなく全意識を支配するようになる。神の子には各々当人以外にはできぬ使命が与えられている。そなたを永遠に祝福すべく、神の心から大いなる光を呼び起こそう」

これらの言葉が発せられた直後、強烈な一条の光が前方に放たれた。すると部屋いっぱいに七色に輝く光の点が広がり、至る所で生命の鼓動を伴う虹色の光を放ち始めた。

「よくやった！」

一部始終を見守っていたサン・ジェルマンが私を称えた。

「君は内なる神を呼び醒ますことに見事成功した。いずれ望む時に意識的に呼び出すことができるようになるはずだ。

さて、天井の鍾乳石と壁の銀に似た白い外観をよく見てほしい。どれも光の降雨で取り寄せた物質で作ったものだ。この部屋は絶えず一定の温度に保たれている」

部屋の突き当たりまで歩き、壁にある磨き上げたアーチつきの入口前で立ち止まった。サン・ジェルマンが手をかざすと扉が開き、記録文書作成に使われる美しい白色メタル製の装置一式が現れた。

「いま我々が迎えている時代に、これらの多くの装置が世に知られるだろう。そのままの状態で保存されてきたので、発明や開発の手間は省けるというわけだ」

私は彼に尋ねた。

「どうして静修地《リトリート》も鉱山も埃一つなく清潔に保たれ、通気性がこんなによいのですか？」

「実に単純だ。アセンデッド・マスターたちの持つ力は、熱や光、活力を生み出すと同時に掃除や換気も行う。マスターの一人が鉱山や部屋を通っただけで、彼から流れ出る力が不必要な物質を瞬時に処理してしまうんだ。

それでは、そろそろ戻るとしよう。君が体を脱け出してからもうすぐ二日目の朝になる」

扉から出て大広間を横切り、左手の通路から表に出る。またしても日の出前の空に星が瞬いていた。急いでロッジの部屋に戻り、次の瞬間には私は自分の体に戻っていた。傍らに立つサン・ジェルマンがいつものグラスを手渡してくる。今回は琥珀《こはく》色の液体で、飲み干すと体の細胞一つひとつに生気がみなぎった。

「さあ、好きなだけ眠るがいい」

そう告げると彼は私の前から消えた。おそらくその後、深い眠りについたに違いない。長時間の睡眠の後、目覚めた時には完全に回復して、体には力強さと活力が戻っていた。

5章　インカ時代の記憶

それから何事もなく十日間が過ぎ去った。

これまでの訓練の成果で、眠る前に必ず自分の内なる神に意識を集中するのがすっかり日課となっていた。もちろん敬愛すべきサン・ジェルマンに感謝の念を送ることも。

十一日目の晩、そろそろ寝ようという頃に、はっきりと彼の声を耳にした。

「いますぐ来るんだ！」

彼の呼び声に従うことを学んでいた私は即座に肉体を脱け出し、宙を駆け抜け、あっという間にロイヤル・ティトンに着いていた。

彼は静修地《リトリート》の入口の横で私の到着を待っていた。今回は彼が私を呼び、私が彼のもとに駆けつけるかたちになったのだ。

「ただいま到着しました」

そばに寄って挨拶すると、彼は微笑みで応じ、こう告げた。

「今日もすべきことが山ほどある。さあ、行こう！」

自分たちがどこへ向かっているのか、方角は完全に把握していた。ロイヤル・ティトンを飛び立ち、やや南西方向に向かっている。まもなく大都会の街の灯が眼下に見えてくる。

「ロサンゼルスだよ」

サン・ジェルマンは指差しながらそう言い、私の注意を促した。

さらに遠くまで進んだあと、再び密集した街の灯の上を通過した。どこなのか尋ねてみると、「メキシコシティ」とのことだった。

熱帯雨林の密林が見えたところで降下し始めた。古代の神殿と思しき遺跡に立つ。

「ここはメキシコ・オアハカ州のミトラ遺跡だ。君たち三人は最盛期のインカ帝国をサポートすべく転生し、ここにやってきている。当時、必要とされていた奉仕をするために、アセンデッド・マスターたちの許可を得て、インカ族の家系に転生することを選んだのだ。

君たちはインカ皇帝の子としてペルーで生まれた。皇帝は高潔で強固な魂を持つ賢者で、臣民に対し多大な愛情を抱いていた。それで常日頃から彼は一なる至高の神に呼びかけ、光と繁栄、完全性を帝国とその臣民にもたらしてほしいと祈っていた。

グレート・セントラル・サン（訳注：銀河系の中心にある高次のエネルギー体、生命の根源）の威力を十分に把握していたインカ皇帝の生命の源への献身ぶりは著しかった。この真理は臣民にも伝えられ、みなグレート・セントラル・サンが何たるかを知っていたので、太陽が神のシンボルとして使われた。人々はグレート・セントラル・サンから注がれる力を実際に体感し、心の深いところで理解し、完璧にわかっていた。今日、我々はグレート・セントラル・サンを『キリスト』と呼んでいるが、それはグレート・セントラル・サンが宇宙におけるキリスト意識の中心だからだ。

生命の源と臣民に対する敬愛の念から、インカ皇帝が臣民を導き助ける光と祝福を神に強く望んだため、当時サハラ砂漠にあった黄金の都から十四名が派遣されることになった。その中に君とロータス、ドナルドがいたというわけだ。

君が十歳、ロータスが十二歳、ドナルドが十四歳になった時、来るべき日の任務に備えて私は君たちの訓練を開始した。当時私は黄金の都に住んでいたが、訓練開始後は毎日ペルーにある宮殿を訪れ、必要な光と教えを君たちに授けていた。それは君たちの父親であるインカ皇帝に真実が告げられるまで四年間続いた。

インカ皇帝は三人の子どもたちの賢明さに目を見張り、このようなかたちで自分を祝福してくれた神に絶えず感謝の意を注ぎ続けた。

君が十四歳になった時、サハラ文明での最後の転生時に、君たちを黄金の都に移したあの偉大なる宇宙マスターがインカ皇帝の前に現れ、彼の願いはしかと聞き届けられたと告げた。以後七十年間、インカ文明は絶頂の極みを謳歌する。その時以来、私は君たち三人に加えてインカ皇帝も指導することになり、日々宮殿を訪れた。人々はインカ皇帝を『太陽』と、彼の子である君たちを『太陽の子』と呼んだ。インカ皇帝の臣民に対する感謝と愛情、協力は絶大で、彼は大いなる宇宙の法則をみなに教え、いかに使うかを指導した。

君たちの少年期は健全そのもので、訓練でもたらされる美を損なうようなことはまったくなかった。ドナルドには皇帝となる者の神性な責務と統治の法則が、ロータスには内面的修養と太陽の神殿で女祭司となる者の聖務と全法則が、君には祭司となる者の宇宙の法則と、秘密裏に軍隊の統率法が伝授された。

ペルーで十年間、特別訓練を受けたあと、君たち三人はインカ帝国北部の新たな植民地の一つに、民衆への支援と発展を促す目的で派遣される。君たちは父皇帝に倣って愛と敬意、祝福をもって精進し、やがて植民地に都を築く。それが現在のオアハカ州ミトラだ。もっとも、ミトラの栄光はその後何世紀もかけて崩壊することになるのだが。

この地で君は、黄金の都で君たちを教え、支えたマスターたちの指導のもとに大神殿を建設した。当時ロータスはミトラと呼ばれ、四十年以上この神殿で女祭司として奉仕した。都の名は彼女への敬意からつけられたものだ。この大神殿は同時代に建てられた中で最も華麗な神殿の一つで、地下にある秘密神殿も含め、予算を惜しむことなく造られた。秘密神殿は太古に進んだ文明が存在したことを、後の世に証《あか》するために残された。このことを君は建設当時から知っていた。機密事項も含め、最終的な命令を下していたのは他ならぬ君で、全工程を黄金の都の偉大なるアセンデッド・マスターの一人によって指示されていたからだ。

建物の外壁には頑丈な石材を使用し、その一部は現在の遺跡でも確認ができる。内壁には大理石、縞メノウ、ヒスイが組まれてある。ヒスイはアンデス山脈で採掘されたものだ。その秘密の産地はいまだに発見されていない。金色と紫、ローズピンクとパールピンクを中心にした内装の色使いは、芸術性を凝らした見事なものだった。

内殿は紫と白を基調に金で造られ、女祭司用の椅子も金でできていた。そこに聖霊の力が集められ、保たれ、しばしば帝国全土と人々に向けて放射された。

実際に秘密神殿へ入って、かつて栄華を誇ったこの遺跡のただ中に保存されてきた部屋の一つを見るとしよう」

ある程度の距離まで近づいたところで、サン・ジェルマンが命じた。

「下がって！」

前に立ちはだかっていた巨岩の塊めがけて、彼は強力な光線を放った。途端に岩は四散し、ピンク御影石の立方体が現れる。そばに寄った彼がそこに手を触れると、回転軸のようにひっくり返り、幅一メートルほどの開口部が現れた。下へと続く階段がはっきり見える。二十一段下ったところで銅と思しき扉に出くわす。サン・ジェルマンが言うには、不朽のものとするために他の金属と混ぜてあるとのことだ。

入口右側にある立方体の岩を手で押すと、扉が静かに揺れて開いた。小さな部屋に出る。突き当たりは大きなアーチのある通路に続いているが、別の大扉が閉まっている。サン・ジェルマンは床にある独特の形をした石を、今度は足で踏みつけた。すると扉が奥に下がり、大きな部屋が現れた。長らく密閉されていた様子だ。掃除と換気が必要だな。そんな思いが私の頭をよぎった途端、室内が紫色の強力な光で満たされた。次いで、薄い白霧が漂ってきて真昼の太陽のように輝き始める。掃除は瞬時に済んだ。何もかもが新鮮で清潔になり、部屋中にバラの香りが広がった。

大部屋に入ると、非常に珍しい肖像画の数々が目に飛び込んできた。硬い金版にエッチングし、生前そのままの彩色が施してある。

「これらの肖像画も不朽のものだ。うち五枚はインカ皇帝、ロータス、君、ドナルド、私で、当時使っていた肉体の姿で描かれている。この特別な芸術表現はインカ時代でもその頃だけに見られるものだ。内に宿る神の炎へのロータスの信心が、金星から偉大なマスターを引き寄せ、その人物が彼女に技法を伝授した。地球上のどの時代のものとも違う種類の芸術だった。金星から来たマスターはそれを使って製作する作品の数を限定した。何世紀も先に実用化される特殊な技法で、発展途上の地球では使用が許されていなかったからだ。これから迎える黄金時代でその技法は再び浮上することになる。

私はね、現在アメリカに暮らす人々が、自分たちを待ち受ける未来の可能性を自覚してくれたらどんなにいいか、心を縛り、目を曇らせる誤った信仰や主義主張、思い込みから解放され、内なる神に意識を向けられたらどんなにいいかとつくづく思う。彼らのために練りに練って用意されてきた未来には、限りない可能性が秘められているのに！

自由、力、光が奉仕の時を待っている。その実現は、内なる愛の『存在』を認識し、使えるかどうかにかかっている。内なる神は彼らを通じて、絶えず呼吸を繰り返している。人々が、目に映る事象の背後にある、すべてを司る大いなる力を感じ、認識してくれたら、自分の体が天地を統《す》べる至高の神の住まう神殿だとわかってくれたら、どんなにいいか！　人や物に対するように内なる神を心から愛し、語りかけ、万物に宿っていることを認め、実感できれば、一瞬でもその『存在』を間近に感じ、現実を受け入れることができれば、イエスや他のアセンデッド・マスターたちが達成してきた、数々の偉業を阻むものは何もなくなるのに！

　この大いなる神の『存在』の叡智と力がいまアメリカの民、我が最愛の光の子たちを介して発揮され、この地上に一日も早く神の国が顕在化されんことを心から願う。光を携え、行く手を照らすアメリカは、世界の国々に来るべき黄金時代の到来を告げる、道を示す者だ。たとえ現在の状況が闇に映っていても、必ずやその『光』が前方に放たれて、内なる神から湧き出る理想と愛を阻む闇を消し去ってくれるはずだ」


　右手の扉をくぐると、この時代のインカ文明と人類周期に果たした重要な役割に関する記録が収められた文書に出くわした。どれも不朽の材質でできている。

「君は一万四千年前の転生時の記憶を呼び醒まして、古文書作成の工程を思い出したのだ」

　サン・ジェルマンが述べる。

「文書は肖像画と一緒にロイヤル・ティトンに運び出す。この秘密神殿の役目は終わった。あとは消滅するだけだ」

そう言った途端、美しく光輝く存在が現れ、手際よく記録文書と肖像画を運び去った。作業を見届けると、私たちは入口に戻って外に出て、神殿からある程度離れたところまで遠ざかった。振り返ったサン・ジェルマンが、秘密神殿にじっと意識を集中させる。周囲が異様な静けさに包まれるのを感じ、私は身を固くした。一瞬にしてすべてが完了した。地震のような大揺れが起こり、栄華の時代の最高峰建造物はみるみるうちに廃墟と化した。

サン・ジェルマンの持つ驚くべき力には、息を呑むしかなかった。本当にアセンデッド・マスターは神なのだ。古代神話で語られる数々の逸話が、単なる作り事ではないことに、改めて驚かされる。マスターたちはいかなる時も神の驚異の力を操れる。揺るがぬ決意で大いなる神の「存在」とつながっている、つまり彼らがまったくの完全な存在ゆえに、あらゆる力が与えられているからだろう。

「イエスが『真実に言う。わたしを信じる者は、わたしが行っている働きをし、もっと大きな働きをする』と言った時、彼は自分の言葉を十分すぎるほど理解していた。

地上にいる間に意識を支配し、熟練の域に達することは誰にでもできる。イエスが到来したのは、そのことを知らしめるためだった。そしてアセンデッド・マスターが有する力を人類に示し、俗世の物事すべてを意識的にコントロールできる、内なる神の力を万人が呼び醒ませることを証明した。

愛、光、完全性を備えた偉大なるアセンデッド・マスターたち。この惑星に人類が出現して以来、絶えず光を注ぎ導いてきたマスターたちは、誰かの想像上の作り話ではない。実在し、目に見え、触れることもでき、呼吸し、生きている、聖なる存在だ。彼らの愛、叡智、力の無限さに比べたら、人間の意識など停止しているようなものだ。彼らは宇宙のどこでも完全に自由な状態で無限の力を発揮できる。一般人にとって超自然的なことを、ごく自然にやってしまう。

そのような巨大な力を操るため、外界で生きる者たちの想像力を揺るがすこともある。マスターたちは人類の守護者、体育教育の現場で幼児期から成人するまでの個々の成長と発展を導く、さまざまな段階のトレーナーにもなぞらえられる。成人後は特別任務に向け教育する。通常レベルを超えた表現ができるように教えを授け、一人ひとりの意識を拡大させる手助けをすること。それが完全性を備えたアセンデッド・マスターの存在理由だ。超人的な資質を伸ばすに至った者は、大学を卒業する学生のようなものだ。アセンデッド・マスターの下で教えを受けてきた者は、人間的なものから卒業し、自分の神性を継続的かつ存分に表現する方向を目指す。

アセンデッド・マスターとは、人間的なあらゆる限界を断ち切るべく、自分の内にある十分な愛と力を意識的な努力で生み出してきた存在だ。だからこそ信頼を得て、制限なく、一般の人間には体験できない強大な力が託される。マスターは自身が遍在する神――生命と一つになっていると感じている。ゆえにどんな力も事柄も彼の命令に従う。なぜなら彼は内に宿る『光』の操作ですべてをコントロールする、自由意志を持った内なる意識的存在そのものだからだ。

この彼自身の内なる神の愛が凝縮されたエッセンスである『光』の放射（または流出）を通じて、アセンデッド・マスターは自らの指導下に置いた者を支えていく。

マスターの光の放射を弟子が受けると、内側の体《インナーボディ》――アストラル体・メンタル体・コーザル体――がマスターの光のエッセンスを吸収し、内なる光が拡大して、うちわに煽られ火花を上げて燃え盛る炎のように輝きを増す。

マスターの光のエッセンスには宇宙で最大の力が備わっている。そのため、不和なものをみな溶かし、すべての創造物に完全なバランスをもたらす。アセンデッド・マスターは地球の不和に対しても、光のエッセンスを絶えず注いでいる。我々が光と熱と呼んでいる力の光線、太陽光線が霧を消し去るように。

マスターたちが地球の人類に注ぐ光は、彼らが意識的に取り出すエネルギーで、特定の性質が備わっている。この方法で彼らは何千、何万回と人や場所、環境や事象を庇護しているが、そのことを人類はまったく知らずに定められた道を歩み続けている。自分たちを守る者たち、恩恵をもたらす者たちのしていることなど意識もしていない。

そのような活動中に、アセンデッド・マスターは自由自在に体を替えることができる。時と場に応じて、服を着替える感覚でね。細胞組織まで意識的にコントロールでき、一つひとつの原子も指示に従い変化する。任務に必要なら、肉体を複数使うことも許される。人体の原子を組み合わせるのも、消すのも無限に思いのままだ。彼らはあらゆる物質とエネルギーの全能の具現者だ。自然の力、すなわち四大元素（土・水・風・火）が自ら望んで奉仕するのだから。

これら、人類の進歩を見守り、支え続ける栄光の存在たちは、愛、光、完全性のアセンデッド・マスターと呼ばれている。彼らの中から内なる神の愛、叡智、力が湧き上がる。何よりも人間というものを熟知しているため、『師』と呼ぶにふさわしい。人間を超越する段階へと次元上昇した、超人――神性――で、純粋、永遠、全能、完全無欠の存在だ。

地球上に生きる人類は、しばしば無知や限界からイエスその他のアセンデッド・マスターたちについて、あれこれ批判しては裁きたがる。この種の行為はすでに常態化しているが、批判や裁きによって放たれた力は送り主に戻るだけ。そして、自分で作り出した限界や苦悩に強く縛られることになる。自身の努力で人間的な限界から解き放たれたアセンデッド・マスターたちは、眩い光を注ぐ存在になっているので、不和をもたらす人間の思考が彼らに及ぶことはない。これは人間によって生み出された破壊的な思考や感情が、それらを創造した者に跳ね返り、さらに自分自身をがんじがらめにすることを意味する。

もしも人間が、エーテル界に放たれた自分の思考や感情、言葉を見ることができ、同質のものを引き寄せては増幅して自分のもとに舞い戻ってくる姿を目の当たりにしたなら、それらに生命を与えた自分の行為に驚愕するばかりか、あまりの恐怖に救いを求めて叫び出すに違いない。精神が創り出すそのようなネガティブな思いを消し去るだけで、自身の中にある神性と向き合い、そこに浸れるようになる。思考も感情も生きている。脈打つものなのだ。この事実を知れば、適切に知性を使い、自己コントロールするようになるだろう。

イエスは現在もなお、人類に対し、この地球での自らの体験を示し続けている。人間一人ひとりの内にある大いなる神が、人格あるいは外的自己《アウターセルフ》に向けてしているように。外界にアセンデッド・マスターの記録をもたらした彼はいまだに、人間にはあらゆる限界を超えて、元々意図された神性を表す能力が備わっている事実を示す手本であり続けている。人間存在の第一の条件は、完全なる調和と自由であるためだ。

地上で生きる大多数の神の子らとは比較にならぬほど、宇宙の法則や生命を深く探求する者たちがいる。彼らはアセンデッド・マスターが実在すると確信し、しばしば偉大なるマスターたちに近づきたい、教えを請いたいという思いに駆られる。多くの場合、それは大いなる光に到達したいという魂の無意識の願いで、完全なる神性である偉大な存在たちと、自分がどのような位置関係にあるのか、ほとんど理解していない。

非常に熱心な学習者が、断固たる決意で、マスターの一人と接触できる可能性はある。だが、それは十分すぎるまでの愛を育み、自分を律することができた者だけに限られる。マスターと接触する動機が、興味本位でマスターの存在の有無を確かめ、好奇心を満たすため、誰かを説得するため、あるいは個人的な問題の解決を望むためなら、マスターの側から接触してくることはまずありえない。それだけは確実だ。マスターたちは学習者の人間的な部分を満足させることにはまったく関心がない。彼らの努力は徹底して、各自が内なる神を広げ、自己の限界を打ち破るだけの十分な力を備えられるよう手助けすることに向けられている。人間自ら強いた限界によって、メンタル体、アストラル体、肉体（思考、感情、行動）がそれぞれの領域で、顕在化のための完璧な乗り物として使用できなくなっているからだ。

人間の抱える弱さや限界は、内なる神に十分仕えるために本来鍛え、最良の状態を保たねばならない乗り物である体を損なうだけだ。人間の体は、能力と機能から考えて、外的自己《アウターセルフ》を介して神の完全なる計画、デザインが表現されるため、『大いなる神の存在』が用意した神のエネルギーの神殿だ。欲や快楽を抑制できず神のエネルギーの浪費に走れば、『内なる存在』は乗り物を操ることをせずに引き下がってしまう。自己は心と体を制御する力を失い、神殿である体は老化、退廃へと向かい、最終的に人々が『死』と呼ぶ状態に至る。

目に見え、触れられ、肉体を持って生きているアセンデッド・マスターとの触れ合いを求める学習者がいるが、準備がまだ十分ではなく、心と体の調和を要する段階であれば、幼稚園児が大学教授との面会を望み、アルファベットを教えてくれとねだっているのと同じ状況になってしまう。

アセンデッド・マスターたちは、巨大な力とエネルギーを有する真に偉大なバッテリーだから、彼らの放つ光に触れたいと願う者は高いレベルの光のエッセンスを充電することになる。磁石にくっついた針が磁気を帯び、針そのものが磁石になる状態ともいえよう。彼らの支援や放つ光はみな、永遠に無償の愛の贈り物だ。そのため、彼らが何かを強いる目的で自分の力を使用することは決してない。

愛の法則も、宇宙の法則も、個の法則も、アセンデッド・マスターが個人の自由意志に干渉するのを認めない。ただし、宇宙の周期が個の法則を無効にする宇宙の活動期がある。その時期、アセンデッド・マスターは通常とは比較にならないほどの多大な貢献ができる。いま地球はちょうどその周期に入っているため、惑星史上、類を見ない夥《おびただ》しい量の光が、人類に降り注がれている。地球全体を浄化し、秩序と愛を再構築するためだ。このことは我々が属する世界のシステムや地球の未来を維持するうえでも差し迫った課題だ。この期に及んでも秩序とバランス、平和を受け入れる気がない者たちは、地球上で未来の生命を表現するのではなく、宇宙にあるどこか別の学び舎に移って、他の方法で苦労してこの法則を理解してもらうことになる。

偉大なる存在、マスターたちとの会見に導くパスポートはただ一つ。彼らと内なる神に十分な愛を注ぐことだ。同時に人間的な不和やエゴイズムとはすべて縁を切る。生命の建設的な計画にだけ奉仕するという決意が十分に固まったとき、不快であっても関係なく、自分の人間的性質を完全に律するようになる。そこまでいけば、アセンデッド・マスターに注目されるのは必至だ。その者の勇気と愛、努力、奮闘ぶりを心に留めたマスターが後押しして、内なる神と永遠に一体化したのを自覚するまで支えてくれるだろう。

アセンデッド・マスターは弟子のことを熟知している。オーラに刻まれた記録を明確に読み取るから、弟子がいまどの段階まで進歩しているか、長所も短所もすべて把握している。アセンデッド・マスターたちは何もかも知っている神の精神、何もかも見とおす神の目だ。彼らに隠しとおせることはない。実在のアセンデッド・マスターと会いたいと願う者は、マスターの手足となって働くには、自分も愛と光、完全性を備える輝ける太陽にならねばならないことを十分理解すべきだ。役立たずのくせに、どこへでもくっついて回られては、マスターと世界の足手まといになるだけだ。

自律ができない、心の平穏が得られない、感情面に愛や平和がない、体力がないでは、アセンデッド・マスターも使うに使えない。人間の仕事以上のことができないのだから。学習者がひ弱で、自己抑制が利かず、神の乗り物である体を十分に発達させていなければ、とてもアセンデッド・マスターに協力はできない。通常の人間体験をはるかに超えた任務を果たすことなど無理だ。

仮にそのように未熟な者を完璧な存在たるマスターが受け入れ、任務に加えたならば、不完全な素材で家や機械を組み立てる者とまったく同じ過ちを犯すことになるだろう。

そのような素材で造られたものが、不測の事態や永年の使用に耐えられるはずがない。それと一緒で、必要な訓練も積まず、重労働に耐えうるだけの強さも備えていない者に、見合ってもいない役目を負わせたところで、叡智、愛、慈悲の一端を担えるわけがない。アセンデッド・マスターは完全性の極致。それゆえ、公正さや知性、愛に背く行為は、本質的にありえないのだ。

心からアセンデッド・マスターに協力したいと願う者の姿勢は、『いろいろと教えてもらいたいから、彼らのもとへ行きたい』であってはならない。むしろ『自分を浄化し、鍛えて完璧になって、神の愛、叡智、力の表現になりたい。マスターたちに協力できる状態になれば、自動的に彼らのもとへ引き寄せられるはずだ。私はいつでも、すべてのものを、神のように愛そう。そうすれば私の光の強さが、おのずとマスターたちに受け入れられる道を開いてくれるだろう』でなければならない。

いいかい、自己修正と人間意識に基づく力のコントロールは一回きりのものではなく、平坦な道のりでもなければ、怠惰や自己満足の道でもない。一般の人々にありがちな感情の揺れ、抑制に対する外的自己《アウターセルフ》のすさまじい抵抗、意識の力をコントロールしようと思ったら、自分で抑えるしかない。特に感情のコントロールは不可欠だ。神の精神の支配下でのみ、感情が使われ活動するためにもね。

よく『招かれる者は多いが、選ばれる者は少ない』といわれるが、まったくの事実だよ。誰もが絶えず呼ばれてはいるが、自分の内なる神の完全性や喜びを見いだし、一人ひとりに父の家に戻るのだと永遠に呼びかけている光の声を聞けるまでに、十分目醒めている者はごくわずかだ。

地上に生きる人間には、いつでも目醒めて父なる神に向かう自由がある。それを選ぶ者は自発的に人間の感情が創り出したものには背を向け、自分の意識を平和、幸福、豊富さ、完全性をもたらす宇宙の唯一の源へと向け続ける。

人々がアセンデッド・マスターたちに接触する手立てはある。彼らのことを思い、呼びかける。すると呼び声の一つひとつに、彼らは自身の愛を示すかたちで応じてくれる。ただし、呼ぶ場合の動機が、一なる源の愛、光の愛、完全性の愛でなければならない。

呼び声が真実で確固たる性質のものであれば、学習者はさらなる光を受け取るだろう。光は無条件で絶え間なく降り注ぐという自身の特質をよく理解している。求めよ、さらば与えられん、叩けよ、さらば開かれん、探せよ、さらば見つからん、光に呼びかけよ、さらばアセンデッド・マスターたちから応じられん。それは彼らがこの世の光だからだ。

君とドナルドとともにミトラへやってきたロータスは、神殿の女祭司として四十年以上奉仕した。三人の努力の結集によって、各植民地の多くの都市が完全に調和した状態にまで達した。各地に産業を興し、農業を指導し、大地に繁栄をもたらしたのは君たちだった。

そんな折、インカ皇帝にまもなく彼の地上での人生とこの文明における奉仕が終わると、神のお告げがある。皇帝は三人の子どもたちを本国へ呼び戻す。帰国の命を受けた三人は、不在中職務を代行し、人々に愛と祝福をもって奉仕するよう側近たちに命じると、ミトラに別れを告げ、ペルーへと去っていった。

故郷に戻った君たちを迎えた父皇帝は、歳月の経過にもかかわらず、三人ともまったく年を取っていないことに驚いた。その若さは幼少時代に受けた訓練の成果で、子どもたちが皇帝の祈りに応えた神の贈り物だったことを再度認めざるをえなかった。全能の一なる神に対する深い感謝の念が、皇帝の心を満たす。自身を、子どもたちを、民衆を祝福してくれた神に感謝した」

サン・ジェルマンがインカ時代に転生した私たちの様子を語り出すと、空中に映像が現れ、私の目の前で当時の出来事がそのままの色で再現された。ペルーとミトラにおける古代の体験を、私は現実のものとして三時間近く実感する。

インカ皇帝が黄金の都からの派遣者十四名を呼び、自分の地上での人生で最大の行事の準備に入る。皇帝は自分の移行の時が迫っていることを知っていた。帝国の統治権を長男に譲らねばならない。そこで宴を催し、その場で公式に後継者を任命するつもりだ。

帝国全土を支配していたインカ皇帝が有する資源は莫大だったことから、宮殿も後世に幾世紀にもわたって語りぐさとなるほど壮麗な建物だった。彼は常に自分の内なる神と共存していたため、彼のもとには巨額の富が集まっていた。宮殿内は豪華に飾られている。皇族の私室はどれも宝石が埋め込まれた純金で彩られ、内なる神を常に思い起こすべく太陽の象徴が掲げられていた。

宴の間には、白メノウを土台にヒスイに彫刻を施したテーブルが五つ並ぶ。各テーブルには二十人分の席があるが、皇族のテーブルだけは十六人分だった。黄金の都から派遣されていた十四名と皇帝、そして当時「ウリエルの子」として知られていたマスター・サン・ジェルマンの計十六名だ。皇族用のテーブルの椅子は金製で、見事な色合いのダチョウの羽根で飾られている。インカ皇帝は美しい紫、サン・ジェルマンは濃い金、娘はピンク、長男は薄紫、次男は聖職者の権威を表す白い羽根だ。黄金の都から派遣された十四名の椅子には、帝国で従事したそれぞれの職務を象徴する色の羽根が用いられていた。

テーブルには刺繍入りの上質の繊維でできたテーブルクロスがかけられ、至る所に光を発する水晶玉が吊るされ、宮殿内を明るく照らしていた。インカ皇帝に教えを授けに来た初日に、サン・ジェルマンが贈ったものだ。皇帝は統治者の象徴である金のローブを着ている。一見、金属に見える素材でできている。胸当てには宝石でかたどった「グレート・セントラル・サン」が輝く。その上には高貴な紫色の生地にダチョウの羽根で襟元や縁が飾られた執務用マントを羽織っている。冠はダイヤモンドをはめ込んだ帯状で、後頭部には紫色の羽根が三本ついている。それら三本の羽根は、皇帝の内なる生命における神性の三つの行為――人間を介して愛・叡智・力を示す父・子・聖霊――の象徴だ。

二人の息子も父皇帝とほぼ同じ服装だ。統治の象徴である長いローブは着ていないが、「グレート・セントラル・サン」の胸当てはつけている。長男の冠にはエメラルドと薄紫の羽根が、次男の冠には真珠と聖職者の象徴の色である白い羽根がついている。

皇帝の娘は薄絹のような繊細な金の繊維でできたドレスを身にまとっている。その上にオパール色の素材でできたマントを羽織っているが、体の動きに合わせて色が変化する。ダイヤモンドとエメラルドのついた腰の飾り帯からは、床に届きそうなほど長い前垂れが下がっている。上質の織物でできた頭にぴったり合った帽子を被り、ダイヤモンド、ルビー、エメラルドでかたどった「グレート・セントラル・サン」のペンダントをしていた。金製のサンダルも宝石類で飾られている。

インカ皇帝が私室をあとにし、宴の間に向かう途中、眩い光線が宮殿中を照らしたかと思うと、サン・ジェルマンが出現した。その姿は神さながらで、光が強烈すぎて、目が慣れるまでに手間取ったほどだった。

美しい金髪を肩になびかせ、額にはブルーダイヤモンドで飾ったバンドを巻いている。体の中心から発する強い光が金色の頭髪と融合し、太陽光線のような輝きを放っている。射抜くような視線が紫色にきらめき、完璧なまでの若さと健康を示す淡いピンク色の肌と絶妙なコントラストを醸している。古代ギリシアの彫刻さながらに端正な顔立ちだ。

この世のものとはまったく違う、完璧な輝きを見せる純白のローブを身にまとっている。ローブは腰の部分で絞られ、イエローダイヤモンドとサファイアのついた飾り帯を締め、膝まで届く前垂れを下げている。左手中指にはイエローダイヤモンドの指輪、右手中指にはブリリアントカットのサファイアの指輪が、彼自身の照射する大いなる光線を浴びて、尋常でない輝きを発していた。たったいま、黄金の都から到着したところだ。

サン・ジェルマンの突然の出現に驚き、たいそう喜んだ皇帝は、仕草で謝意を表すると、歩み寄って一礼し、肘を差し出した。そうして二人は腕を組んで宴の間に入場した。

すでにどのテーブルにも金、水晶、ヒスイ製の食器セットが並べられている。引き続き入ってきた皇帝の子どもたちもまた、敬愛する師との予期せぬ再会に大喜びした。しかし、自分たちの立場と状況をわきまえ、父親と高貴な訪問客に、かつて師から教えられた作法に則《のっと》って敬礼した。

合図に従い、全員着席する。インカ皇帝が上座、彼の右にサン・ジェルマン、その隣に娘が座る。左には長男、その隣に次男が座り、以下黄金の都からの派遣者たちが続く。

会食が終わると、皇帝が立ち上がり、みなの注目が集中する。しばし黙したまま佇むと、皇帝は手を伸ばしてマスター・サン・ジェルマンを紹介した。マスターが上品に会釈すると、皇帝は自分と子どもたちがこの高次の霊的存在から教えを受けてきたことを説明した。この地と民に多大な祝福がもたらされたのは、マスターの比類なき愛のおかげであるとも述べ、今回の宴は自分の王位を譲り、後継者を任命するためのものだと告げた。

次いで長男を立ち上がらせ、彼が次の皇帝になることを公表すると、皇帝の象徴であるローブを脱ぎ、息子の肩にかけてやる。次いで、サン・ジェルマンが両手を彼の上に掲げ、未来の皇帝を祝福する。

「人間の内に宿り宇宙を統べる全知全能の一なる神、その力と名のもとに君を祝福しよう。至高の叡智が君を導き、神の光が君を照らし、神の愛が君とこの大地、そこで暮らす人々を祝福し、包み込むように」

右手の親指を長男の眉間に当てたマスターが左手を挙げると、目もくらむほどの光のフラッシュが二人を包んだ。

続いて皇帝はミトラ神殿で娘と二人の息子の職務を担う者たちを任命した。サン・ジェルマンと皇帝、三人の子どもたち、黄金の都からの派遣者十四名は王座の間へとおもむく。そこでマスターは再び彼らに向かって話しかけた。

「光の子らよ。君たちの兄弟である皇帝は、功績に見合った休息を取り、より高度な教えを受けるため、まもなくこの地を去ることになる。その時まで私は君たちのそばにいるつもりだ。次期皇帝の統治のもと、君たちの文明は栄華の極みに達するであろう。そのためにもいまの君たちには多大な富が必要だ。ここからさほど遠くない山脈内部に豊富な金や貴石が眠っている。

皇帝の次男が近々過去世で得た能力を取り戻す。君たちの未来の活動に必需の富が供給されるよう、私が能力の回復を早めよう」

そう言って次男に歩み寄り、サン・ジェルマンは先ほどと同じように、右手の親指を彼の眉間に当てた。全身を震動が駆け巡り、彼の内なる目が開いた。

次男はある堅固な山の岩盤の内部に想像を絶する富が隠されているのを透視し、今後の活動で必要なものを生産するのに、それ以外の供給源は必要ないことも悟った。敬愛する師に敬意を表すると、次男は自分が指導し、富を有効に活用する計画を果たしてみせると約束する。彼が発見し、稼働させた三つの鉱山は、黄金の都から派遣された者たちがこの地の統治を終えた時点で閉鎖され、今日まで封印されたままになっている。

よく考古学者たちはさまざまな方法で、インカ帝国がいかに高い文明を誇っていたかを証明する遺物が発見されたと伝える。しかし建築や技術面も含め、彼らが発見したもののほとんどは、インカ文明の活動の断片、それも衰退期の記憶にすぎない。だがいつの日か、後世を祝福し、未来に光明を与えるためにも、絶頂期に達成した数々の証拠が、私たちに明かされるであろう。

宴の翌日、帝国内の主要都市に伝令が送られ、長男が皇帝の座に就いたと告知された。ミトラの都で発展に尽くしていた頃から、新皇帝の公正さや知性、高貴な精神については、全土で知られていた。

それから数日後、鉱山関係の仕事を統括することになった次男は、内なる目で見つけた山へ行って鉱山を開くため、早くも必要な人員、道具、機械などの調達を進めていた。

準備が整うと、彼は一人になって自分の内なる神に全神経を集中させた。鉱山は難なく見つかると確信していた。内なる目に示された場所へは神が導いてくれるからだ。選《よ》りすぐりの技師を大勢動員し、迅速に探査した結果、わずか六十日で南米大陸随一の埋蔵量を誇る未曾有の金鉱床を探し当て、採掘を開始した。この金鉱山の発見と創業については、伝説として今日まで伝えられている。偉業を果たした次男を、多くの民衆が歓喜をもって迎えた。皇帝である父親をはじめ、師のサン・ジェルマン、兄、姉が祝福してくれた。

金鉱山は標高約二千四百メートルの位置にあった。そこでの滞在中、高所ではよくあることだが、皇帝の息子はかつてないほど感性が鋭くなった。そのため、宮殿に戻った彼は、地上での役目が終わって、父皇帝が別の次元に上昇する日が近いこと、大きな変化を前にしていることを察知した。

新皇帝の即位の日がやってきた。広大なインカ帝国の皇帝の座を正式に引き継ぎ、民を前に決意を示す日だ。皇族からの申し出が快諾され、サン・ジェルマンと彼の仲間たちがこの一大行事を執り行うことになった。

重要儀式の入念な準備が完了し、あとは戴冠《たいかん》の瞬間を待つのみとなった。きっとサン・ジェルマンがよきに取り計らってくれるに違いないと、その場にいる誰もがわかっていた。

すると突然、眩い光が輝いたかと思うと、最高に美しい女神が式場に姿を現した。年の頃は十八歳ほどに見えるが、その瞳と「存在」そのものから強い輝きが放たれている。神特有の愛、叡智、力に満ちた光だ。女神の周囲は、絶えずきらきらと閃光を発する、澄んだ白い光で満たされている。

帝冠を捧げ持つ従者の方に美しい手を伸ばし、冠を受け取ると、無限の情愛に満ちたまなざしで長男を見やり、魂を震わせるような抑揚のある声で告げる。

「黄金の都の友よ。愛、光、叡智の帝冠をもって帝位を授けよう。そなたの正義、栄誉、気高さが永遠に続かんことを。黄金の都人の他、この姿は見えずとも、神の命により、私《わらわ》がそなたとともに帝国を統べよう」

新皇帝は恭《うやうや》しくひざまずいて帝冠を受け、女神は身をかがめると彼の額に口づけする。次いで参会者のほうに向き直った女神は、両手を広げて一同を祝福した。淡いピンク色の光が会場全体を包む。それは人々に向けて放たれた、女神からの愛のほとばしりだった。その後、女神は前皇帝を祝福し、娘を優しく抱擁する。次男には手を差し出し、敬意を表する接吻を許した。

新皇帝が座に上り、居合わせた者たちに会釈する。次いで、美しき女神に肘を差し出し、宴の間へと案内すると、祝宴を開会した。参会者全員に着席するよう命じ、新皇帝は話し始める。

「親愛なる諸君。一なる全能の『存在』——神——の他、人類および万物を統べるものはない、と私は承知している。我が身、我が心が、内に宿る大いなる『存在』の純粋かつ完璧な表現とならんことを。我が友、我が民、我が大地とそれらすべての日々の営みが、常に神の大いなる愛、平和、健康、幸福とともにあらんことを。我々が管理者にすぎぬ、神に属するこの帝国が、とこしえに繁栄せんことを。我が内なる神の愛が、絶えずみなを包み込み、神の完全性へと導かんことを、神の永遠の光に切に願う」

宴が進むにつれ、前皇帝の顔が青ざめていった。新皇帝は弟に父親を私室へ連れていくよう命じる。私室に戻った前皇帝は寝椅子に横たわると、四時間身動き一つしなかった。三人の子どもたち、マスター・サン・ジェルマン、美しき女神がそばにつき添った。

地上での最期の時が到来し、女神が前皇帝の枕元で、臥したままの彼に声をかける。

「インカよ。そなたは肉体を四大元素に戻すつもりのようだが、私《わらわ》は命じる。起きて、変容し、完全性の表現たる神の永遠の神殿で光に包まれるがよい。多大な献身によって、そなたは生と死と呼ばれるものの輪廻から解き放たれることになった。そなたは光のアセンデッド・マスターの一団に迎えられ、永遠に一つとなるであろう」

前皇帝の体がゆっくりと永遠の完全性へと向かって上昇し、やがて消えた。立ちつくしたまま静かに見守っていた者たちに向き直り、サン・ジェルマンが告げる。

「この地での私の役目は終わった」

新皇帝に近寄り、彼の手を取ると、右手中指に意匠を凝らした指輪をはめた。指輪についた丸い宝石は真珠のようにも見えるが、絶え間なく光輝き、中央には小さな青い炎が宿っている。前任者だった父親にサン・ジェルマンが贈った、宮殿内を照らす球体のミニチュアだった。

「黄金の都を統べるマスターからの贈り物だ。受け取ってくれたまえ。この指輪を絶えず身につけているように、とのことだ」

丁重に会釈して別れを告げると、マスターは目の前から消えた。

幼少時からサン・ジェルマンの指導を受けてきたこともあって、インカ皇帝の三人の子どもたちは完璧な肉体を有していた。黄金の都から通ってくるマスターから毎日、将来人々に奉仕するにふさわしい教育を受けていた成果だろう。三人とも美しい金髪、青紫の瞳をしていた。二人の息子はいずれも百九十センチ、娘は百七十センチほどの背丈があった。三人とも自身の内面を完全にコントロールしており、偽りのない威厳を醸し出していた。長男が皇帝の座を引き継いだのは六十八歳の時だが、二十五歳にしか見えぬ容貌を保っていた。それは他の二人も同じことだった。地上での任務を全うした際も、誰一人として年老いた姿になった者はいなかった。新皇帝は四十七年間君臨し、百十五歳まで生きた。娘は百十三歳まで、次男は百十一歳まで生きた。

その時代のインカの民は黒髪、黒い目、褐色の肌をしていた。当時インカの民に転生していた魂たちは、かつてエジプトやアトランティス、サハラ砂漠で起こった文明のように、洗練されたものではなかった。そこで、人類に光を拡大する役目を担うアセンデッド・マスター集団は、インカ皇帝と三人の子ども、残りの黄金の都からの派遣者たちに統治させ、その後の活動が滞りなく運ぶよう体制を形づくった。彼らが組んだ政治体系や発展計画を忠実に実践していれば、物質面でも精神面でも非常に高い水準の文化を築き上げられたかもしれない。

皇帝が自分の後継者をインカの民から選ぶ時期が来た時、高い精神性を備える人物を選ぶことに細心の注意が払われた。黄金の都からの派遣者十四名が担っていた職務の後任も決まった。四十七年の統治の間、女神は皇帝の前に毎日、文字どおり姿を現し、彼が叡智や勇気、公正さに基づいた権威で人々を導けるよう光を注いだ。

皇帝と黄金の都からの派遣者十四名の後継者たちが、皇帝と女神のもとに召集される。普段他の者には見えない女神も、この時ばかりは姿を映し出していた。後光が一段と輝きを増していく中、彼女は集まった者たちに語りかけた。

「偉大なる光のアセンデッド・マスターらが九十年以上にわたり、この帝国の民に教えを授け、道を照らし、祝福し、繁栄をもたらしてきた。すでに手本とすべきものは、汝らの前にある。それに則って生きてゆくなら、今後も汝らの地には祝福と繁栄がもたらされる。だが、これまでの皇帝や民がしてきたような、内に宿る至高の一なる神への愛を第一に心に保ち、常に神を意識することを忘れるようでは、いずれ凋落《ちょうらく》へと向かい、享受してきた輝ける完全性は、一世紀と経たぬうちに忘れ去られるであろう。私《わらわ》は汝らの運命を、遍在する至高の『存在』に委ねる。彼が常に汝らを守り、光へと導かんことを願う」

ここで、これから帝国の行方を導く者たちに、それぞれの内なる神が明らかにされた。これと同じことが、再び現代のアメリカ国民にも起こってほしいと私は思う。

それから、新皇帝と新たに選出された執政官たちの目の前で、皇帝と黄金の都から来た十四名は肉体から脱け出し、内なる神の姿を見せた。まもなく肉体は空中に姿を消した。

再現されたインカ時代の様子はそこで終わる。


「君の別の転生時の記録を見てもらった」

サン・ジェルマンが言う。

「内に宿る唯一神という至高の『存在』を愛し、受け入れることで、幸福と達成が得られることがよく理解できたと思う。では、そろそろロイヤル・ティトンに戻るとしよう」


静修地《リトリート》に到着し、大広間に入る。壁にはすでに、光り輝く存在たちによって古代ミトラ神殿から運ばれた、金版エッチングの肖像画が掛けられていた。その前を通り過ぎ、保管室へ行くと、当時の記録文書もきちんと収められていた。実は、それ以外にも彼らが運んできたものはあったのだが、それらについては明かすことを許可されていない。

この長い体験を終えて、真の愛が何たるか、少なくとも部分的には理解できた気がする。私がサン・ジェルマンと出会って以来してきたような経験の機会を与えられた人はみな、アセンデッド・マスターたちに強烈な愛の感情を抱いても、それを説明はできないだろう。とても言葉で表現できるものではない。直接彼らと接したあと、内に芽生える抗いがたい願いは、彼らのようになりたい、のひと言に尽きる。

また、イエスが「父の住まい」と言った意味に思い至るに違いない。本当は「魂の故郷」という意味だったのだと。たとえ一瞬であっても、アセンデッド・マスターが放つ至福の光をひとたび経験したなら、地上で意識向上のために忍従することも、内面コントロールと愛を表現するために努力することもいとわないだろう。

そして、そのような完全な状態はすべての神の子のためにあり、それはまったくの現実であることに心底気づくだろう。平均的な人間が幸福な生き方だと思い込んでいる人生でさえ、アセンデッド・マスターたちの生き方と比べたら、搾りかす程度なのかもしれない。人間がどれだけ創造した美や完璧さを誇らしげに語り、権力や実現したことを自慢しても、彼らの自由や美しさ、栄光と完全性に比べたら、粗末で未熟なものでしかない。自由、美、栄光、完全性はどれも、イエスのように次元上昇した者にとっては、日常的な経験なのだ。

サン・ジェルマンへの多大な感謝の念と愛情を覚え、感極まっていた私だったが、自分の肉体に戻る時間がやってきた。彼は私の心を見透かし、状況を察したようだ。

「何の努力もしていない者に、このような機会が与えられることはない。それなりのことをしてきたからこそ、君はふさわしい人物として選ばれたのだ。君の能力はこの程度では収まらない。今後、訓練が進むにつれて、君はそのことを実感するだろう。不可解に見える物事はすべて、説明がつかないためにそのように映っているのだと覚えておくがいい。理解さえできれば、すべての奇妙な出来事は自然で法則にかなっていると気づくだろう。これから述べる真理は、永久に君の記憶に刻まれることになる。

心と脳に錨を下ろした、一なる全能の神の『存在』を認め、その真理を心の底から感じ、目醒めている間、神が自分の心と体を完全に光で包み込む様を思い描く神の子には、余念が入り込む隙がない。そのため、彼は自由になれる。全能の一なる神は、当人の生命と取り巻く事象に大きな調和をもたらす。人間が確固たる信念で、永遠の真理に意識を集中させて生きるなら、いかなる偉業も達成できる。到達できぬものなどない。

生命の始原、一なる源以外に我々が完全に意識を向けるべきものはない。そしてそれは、一人ひとりに宿る内なる神のことだ。外界で精神がどのような活動を行っていようと、偉大なる調和に満たされた自己に絶えず意識を向け、内的なつながりを保つべきだ。

大いなる自己は、人間の体内を間断なく流れる神の生命エネルギーだ。これがあるからこそ、形ある世界で人間は動くことができる。神の叡智は人の精神を介して流れ、神の意志は建設的な活動を指揮する。神の勇気や強さは人間を支え、すべての力は神の愛と結びつくことで、個人から流れ出て、発揮されるようになる。神の愛は、善に基づくものなら何でも達成できる唯一の力だ。妨げや抵抗なく自己から放たれれば、いかなる人間の活動をもカバーし、意識を支配し、完全勝利に導く。

内なる神こそが万物の最高支配者、唯一頼りになる、永遠不変の源だ。内なる神の愛、叡智、力を通じてのみ、誰もがアセンデッド・マスターの熟練の域に達することができ、内なる神との持続的、そして意識的な親交によって、人間の全創造物から解放され、コントロールできるようになる。人間の創造物とは、完全性に至らないあらゆる不和のことだ」

ロッジの自室に戻り、自分の体に入り込んだところで、サン・ジェルマンは私の両手を握って、神のエネルギーを注いでくれた。彼に宿る神のエネルギーが体内を駆け巡り、力を与えてくれる。心身ともに蘇《よみがえ》った気分だった。ベッドに腰かけ、自分の内なる「神の存在」に深く意識を集中させ、これまで受けた多大な祝福に感謝の祈りを捧げた。

マスターは上品に一礼すると、静かに消え去った。

6章　アマゾン川に沈む帝都

数日後の夕方、自室でせっせと仕事をしていると、サン・ジェルマンの声がはっきりと聞こえた。

「今晩九時に迎えに行くので、準備しておくように」

万全の態勢を整えようと、即座に仕事を切り上げてシャワーを浴び、早めに食事を摂っておこうと思ったが、「食事は私が持参する」という声がしたので、瞑想しながら待つことにした。深い深い瞑想に入り、神の完全なる存在だけを認め、感じることができた。

午後九時きっかりに彼は部屋に現れた。金属らしき素材でできた服を着ている。磨き上げた鋼鉄にも見えるが、非常に柔らかな絹と超軽量ゴムが合わさったような風合いだ。繊維の美しさと素晴らしさに気を取られ、さらによく見てみようと彼のそばに寄った時、肉体を脱け出したらしい。奇妙に感じて後ろを振り向き、ベッドに横たわる自分を見るまで、そのことに気づかなかった。ドアに備えつけの姿見に映った私もサン・ジェルマンと同じ恰好をしている。前はそうではなかったのに、どうして今回は一緒の服なのだろう？　心に浮かんだ私の疑問を読み取った彼が答える。

「まずは改めて理解してもらいたい。我々マスターとして生きる者は、目的に応じて純粋な宇宙の物質を思いのままに取り出し、使用に最も適した性質を与えて使うことができる。

不朽の素材が使いたければ、純粋な宇宙の物質にそう命じ、物質の方はそれに応じる。一定期間、特殊な形状や性質を保ってほしいと望めば、そのとおりになる。これから水中に潜る予定だが、この服から放射される物質が君の繊細な体を包み込み、水の性質や動きを遮断するようにしてある。

君の中にもこの力はあると考えてほしい。宇宙の物質の広大な海を呼び起こせば、際限なく利用できる。物質は例外なく君の思考に従い、活動に必要な性質を体現するだろう。

いついかなる時も、宇宙の物質は君の意識と意志に従う。当人が認識しているかどうかは別として、宇宙の物質は人間の思考と感情に常に応えている。人間が物質に何らかの特徴を与え、植えつけていない時はないが、際限なき宇宙の物質の海を意識で制御し、操れるまでになったとき、初めてその者は創造者としての能力と可能性を認識し始め、思考と感情を使用するうえで負うべき責任を自覚する。

世紀を経て、人類は宇宙の物質が滅びやすいもの、限りあるものとみなすようになった。現在の人間の肉体はその最たる例だ。人類全体が憎しみや怒り、復讐といった感情を抱き、爆発を引き起こしては、自然界に記録が刻まれる。人間が発するネガティブな感情が度を越したとき、四大元素は嵐のような自然災害によって報いを人間にお返しする。地球に生きる人々は、他者への恨みや不正義への憤り、場所や物への不満から思考と感情の大異変を生み出し、意識的にせよ無意識にせよ、復讐の念を外に噴出させる。それらのネガティブな感情は宇宙の物質の大海原にも蓄積され、四大元素は天変地異というかたちを取って、悪意の源に報いてきた。

それらの行為は自然界が自らを浄化し、汚れを振り払うものだ。神の純粋さを取り戻すべく、調和を乱した人間が溜めた思考と感情の汚れを洗い流す。

人は絶えず神の純粋かつ完全な生命を心と体に取り込む一方、神の純粋な宇宙の物質に何らかの性質を与えている。自分で創り生み出した性質は、自分の心や体で受け取らねばならない。宇宙のあらゆる物事は円環運動をし、元の地点に戻るからだ。

アセンデッド・マスターは円環の法則――一なる法則を体得しているので、自分たちの意図する特別な任務に使いたい性質だけを純粋な宇宙の物質に与える。創造物を一定期間存続させたい場合には、期限を設定すれば、物を構成している物質がそれに従う。

ロイヤル・ティトンをはじめ、世界各地の静修地《リトリート》に保管されている記録は、我々の任務が永久である以上、不朽のものでなければならない。我々はその性質を命じ、物質は命令どおり再現する。自然は決して偽らない。むしろ我々の命令を忠実にコピーする存在だ。自然はアセンデッド・マスターに従うが、一般人にも従う。そういっても、無知あるいは頑固ゆえに認めたがらない人間が多いが、その代償は思った以上に高くつく。一なる法則、愛の法則、調和の法則、円環の法則、完全性の法則といった、根本的な永遠の真理を自己が学ぶ時まで、代償を払って、払って、払い続けることになる。

人類がその真理を学び、神の永遠の命令に従うようになった時、地上に見られる不和や四大元素の破壊的な活動は止むだろう。

自然界には自家発生と自浄の力があり、一なる法則に反するすべてのものを拒絶する。この力もしくはエネルギーは内部から突き動かす活動、一なる力の拡大だ。純粋な宇宙の物質に不和を強いると、電子エネルギーの流れが一時的に滞る。せき止められたエネルギーが一定量に達すると、内圧が高まり不和や限界を粉砕して弾け飛ぶ。このようなかたちで、永遠に拡大する存在――一なる生命、創造の輝けるエッセンス――である行動する神は、道すなわち宇宙の最高統治者に抗い続ける者を抑え込む。光のアセンデッド・マスターとはそのことを熟知し、知恵と一つになった者だ。

人間も切に願えば、法則を熟知し、『一なるもの』になれる。一人ひとりの人間の能力、可能性の範囲内にある。それは自意識を持つ生命体の中にある生来、そして永遠の原理だからだ。すべての人間は自意識を持った生命体であり、この原理は選《よ》り好みなく働くため、誰でも存分に表現できる。

各人の生命には、常時アセンデッド・マスターたちが駆使している力の芽が宿っていて、本人がそうすることを選べば、ことごとく表現できる。すべての生命体は意志を持つが、自意識を持つ生命体だけが、表現方法を自由に決められる。したがって、個人には限界だらけの人間の体で表現するか、超人または神の体で表現するかという選択の自由がある。自分の表現の領域を決めるのは自分自身だ。その者は自己決定権のある創造者。自意識を持つ生命体として、生きるために選択し、自分の意志で決めるのだ。

人となる生命体は、絶対普遍の生命の内部で個別化した時、自意識を持つ知能の凝縮核になるため、自由意志の選択をしている。それは自分の未来の活動の意識的な支配人だ。ひとたび選択したら、運命を果たせる唯一の人間となる。その運命は不変の状態ではなく、完全性に根ざし、明確に描かれた計画だ。本人が形と動きのある実世界で表現するために選んだ青写真だ。君もわかっているように、本人さえ望めば、いつでも人間特有の性質や限界から解放されるし、自分の全生命、そしてエネルギーを決心したことに注げば、勝利を収めることができる。我々アセンデッド・マスターは内なる神にすべてを委ねることで、次元上昇を果たした。それゆえ、内なる神は我々を通して完全なる特質、神の生命の計画を表現するのだ。

そろそろ行くとしよう」

私たちの旅が始まる。南東に向かっているのはわかっていた。ソルトレイクシティ上空を通過し、ニューオーリンズ、メキシコ湾、バハマ諸島を越え、やがて銀色の帯が見えてくる。川のようだ。流れを目で追い、河口を確認する。進んでいると、「アマゾン川だ」と内なる神の声がした。

「君の内なる神が常に君を導き、すべての状況を支配している師であることが、これでわかっただろう」

マスターがそう説明した直後に下降し始め、やがて川面に触れた。地面のように固い。その感触には驚くばかりだ。すぐにマスターが説明してくれた。この特殊な服を身につけていれば、地上にいるのと同じ感覚で水中でも行動できる。衣服から発せられるオーラが、体の周囲を保護してくれるため、地球の地下の層であろうと、深海であろうと、支障なく探索できる状況を作り出してくれるのだと。

「これは、科学の分野で生体磁場と呼ばれるようになるものに相当するが、この服に蓄えられた電子エネルギーは物質界で知られるものより高く繊細だ。将来、この仕組みを発見する科学者たちは、実はこれが常に大気中に存在していた事実と、人類のために生かして有効活用してこなかったことに気づかされるに違いない。

機械で操作もできるが、どんな装置よりも精神で操る方が簡単だ。人間が外界で電気と呼ぶものとて、生命の霊的エネルギーの原始型で、森羅万象の至る所に存在する。人が自分の意識を高め、内なる神とのつながりを保っていけば、この高い能力や力を使用する可能性に気づくだろう。創造的な作業における利用価値は無限大で、あらゆる活動の段階で使用することができる」

それから水中に潜ったが、何の抵抗もなく動けた。初めてのことで少々驚いたものの、マスターたる者、いかなる状況においても内なる神だけを意識せよという助言を思い出す。ほどなく川岸に近づき、ワニの群れの上を移動する。私たちの姿を目に留めても、ワニたちが動揺する気配はない。陸に上がって奥地へ向かうと、モニュメントの先端らしきものが見えた。

「高さ十八メートルのオベリスクだが」

サン・ジェルマンは説明する。

「先端三十センチを残してあとは埋もれている。この都市随一の高さを誇っていたが、アトランティス大陸が水没した最後の天変地異で沈んだ。不朽の金属で造られ、当時の象形文字がびっしりと記されている。いまでも十分判読できる状態なのがわかると思う。腐蝕することはないので、今後もこのまま保たれるだろう。この都市は元々河岸から一・六キロほどに位置していた。ところが、大陸の水没を受けて河口が何キロも拡大したわけだ」

地上から上昇し、アマゾン川の流れに沿って空中を移動した。西経五十六度の地点まで行って、一旦様子を見たあと、西経七十度の地点へと移った。サン・ジェルマンの説明では、この場所が観測と調査地点として機能していたのだという。彼が示した二つの地点の間を、かつて広大なアマゾン川が覆っていた。つまり現在の二つの支流、ジュルア川とマディラ川をも含んでいたことになる。

「この地にあった文明は一万四千年前から一万二千年前にかけて存在していたものだ」と、サン・ジェルマンが言う。

「現在のマディラ川とアマゾン川の合流地点から、西はペルーとコロンビアとの国境付近までが帝国の領土だった。

一万三千年前のアマゾン川は巨大な石造りの堤防で囲まれ、周辺の土地は少なくとも標高千五百メートルはあったことから、いまのような熱帯気候ではなく、一年を通じて亜熱帯気候だった。

一帯は台地あるいは高原で、アマゾン川の河口付近には美しい大滝がいくつもあった。先ほど見たオベリスクが立っていた都市は、滝と海岸の間、川から十六キロ南にある。北にあるオリノコ川には、巨大な爬虫類や猛獣が生息していた」

そうこうするうち、マディラ川の近くに到着し、サン・ジェルマンが話を続ける。

「ここが帝国の首都、古《いにしえ》の帝都があった場所だ。この時代の文明の中でも、最も重要な都市だ」

そこまで言って彼が片手を上げると、当時の街並みが映像として浮かんできた。現在私たちが目にしている都市の様子と変わらぬ臨場感だ。

「見てのとおり、帝都は同心円状に作られ、商店街が中心の円から放射状に伸びている。外周には遊歩道が四・八キロごとに設置されている。円は全部で七つ、町の直径は中心の円も含めて七十四キロにも及ぶ。商業活動が町の美しい景観や利便性を損ねることもない。

中心の円は直径六・四キロ、帝国の行政施設がすべて集中する。道路は美しく舗装され、建物や広場は道路よりも四十センチから六十センチ高く造られている。毎朝町全体が動き出す前に、道路に水を流して清掃していた。

素晴らしい遊歩道が目に入るだろう。両端を彩る植物や花々が何とも美しいではないか。この時代の建築の特徴は、ほとんどの建物、特に住居の最上階に可動式のドームが設けられていたことだ。開閉できるドームは四つに仕切られ、寝室としても応接間としても使用できる。日中の気温も暑すぎることなく適度な暖かさで、朝夕決まって涼しい山風が吹くため快適に過ごせた」

美の殿堂たる宮殿に入る。内壁は緑の縞が入ったクリーム色の大理石、床にはヒスイに似た趣《おもむき》のモスグリーンの石が敷かれている。整然と並べられ、一枚の石板と見紛うほどだ。丸天井にも同じ石が使われているが床より明るい色調のグリーンで、アーチを支える九十センチほどの柱脚は重厚なブロンズ製だ。ここでまたサン・ジェルマンが片手を上げる。すると、庭園を歩く人々、建物に出入りする人々が現れ、私たち二人もその風景の中に溶け込んだ。

目の前を行き交う人々には、驚くばかりだった。みな金髪でピンクがかった白い肌で、男性は身長百八十から百九十センチ、女性も百七十五センチ以上はある。美しく澄んだ青紫の瞳を輝かせ、偉大さや穏やかさ、知性を放っていた。右手の扉をくぐり、皇帝の玉座の間に入る。謁見日《えっけんび》だったのだろう。国内のみならず、外国からの客人も迎えていた。

「皇帝のカシミール・ポセイドンだ」

サン・ジェルマンが解説する。

「彼は神が具現した存在だった。面差《おもざ》しからは高貴なまでの善良さがにじみ出ているが、内には我々の想像を絶する強大な力が備わっている。昔もいまも、多大な信頼を得、愛されるアセンデッド・マスターだ。彼の思い出は何世紀もの間、神話や伝説で語り継がれ、帝国の完璧さは叙事詩でも謳われてきたが、時の流れとともに偉業の記憶も薄れ、後世にはほとんど忘れ去られている」

カシミール・ポセイドンはあらゆる点で偉大な統治者だった。身長百九十三センチ、屈強な体、常に毅然とした姿勢を崩さない。立ち上がると周囲よりもひと際目立ち、マスターとしての威光を放っている。豊かな金髪は肩まで伸びていた。皇帝のローブは紫色のビロードのような素材でできていて、金糸で刺繡が施されている。その下には柔らかな金の生地でできた肌に密着する衣服をまとっている。王冠はシンプルな金の帯で、額の部分に大きなダイヤモンドが一つはめ込まれていた。

「この帝国の人々は、自分たちで発明した高度な航空術を駆使して、世界中の国々と直接やり取りしていた。光も熱も力も大気中から直接取り出していた。この時期のアトランティス文明は非常に高い発展を遂げていた。それというのも、アセンデッド・マスターたちが入れ替わり立ち替わりやってきて、人々の霊的上昇のために、国を統治し、完全性への道を示していたからだ。

偉大な文明はいつの時代にも同じ道を辿っている。高い霊的原理に基づいて築かれ、生命の法則に従って発展を遂げるものの、政府あるいは人民が、本来の原則をおろそかにしたがため、不正や不備の芽が入り込み、分裂の兆しが見え始める。その不和は、彼らが純粋さと均衡を保つ法則に立ち返る、もしくは不和自体に全滅させられるまで続く。そうすることで、世界はバランスを構築し直し、再出発するのだろう。

カシミール・ポセイドンはアトランティス帝国の皇帝となったアセンデッド・マスターたちの直系だった。そのため、彼の支配下にあった文明は、アトランティスの文化や功績の所産といえよう。彼の治める帝都はその華麗さから全世界に知られていた。

帝都と差が出ぬよう遠隔地にも必要物資は運ばれた。輸送用の箱状装置は大きさわずか六十×六十×九十センチ。それで十分事足りていた。川の水もすべてコントロールされ、水力も有効に活用した。

警察も軍隊も必要なかった。驚異的な力の放射で人々に法則を思い出させ、遵守させるという方法が取られていたためだ」

庭園の東側に壮麗な建物があったので、行ってみることにした。入口上方に「神が住まう人間のための神殿」という言葉が掲げられている。中に入ると、外で見る以上に大きく感じられた。一万人は収容できるのではないかと思えるほど広い。

巨大な神殿内部の中央には、底面が六十センチ四方、高さ六メートルほどの台座があり、うっすらとピンクがかった白い光を発する乳白色の発光物質でできている。その上には、直径六十センチほどの水晶玉が載っているが、それも発光性の物質でできているらしく、柔らかな白い光を発している。柔らかな光なのに強く輝き、内部をくまなく照らしていた。

「あの球体は宇宙空間から取り出した物質でできているが、中には凝縮された光の核が閉じ込めてある。大いなる宇宙マスターの一人が、住民の生命活動の源として物質化させ、この神殿に置いたものだ。光だけでなく帝国内のさまざまな活動を安定させるエネルギーや力も絶えず送り込んでいる。

偉大なる存在の手で最初に光の球体の位置が定められ、その周囲に神殿が建てられた。至高神の『存在』の活動を凝縮した光の核だ。この球体を設置した大いなる宇宙マスターは月に一度、光の横に出現しては、神の法則、政治の法則、人間の法則を訓示した。生命の神性なる道を説く、この時代の人々にとってのキリスト意識の核だった」

そこまで語るとサン・ジェルマンは再度手をかざす。すると、私たちの前に声を伴った大いなる存在の姿が現れた。その「存在」の栄光を言葉で説明するのは、まったく不可能だ。神の子というものを完璧に表現した存在であったとしか言いようがない。しばらくすると、偉大なる宇宙マスターが人々に「法則」を訓示する声が聞こえてきた。

その「存在」の偉大さと訓示は、私の記憶に永久に刻み込まれ、意識に刻まれていると言ってもいい。まだ自分の前に立っている気がするほどだ。

いまここで、その時の彼の布告を再現したい。

「愛すべき我が子らよ、一なる神の子どもたちよ！　汝らの生命が『一なる至高の存在』――

永遠の純粋さ、神聖さ、完全性――の賜物たることを忘れたか？　唯一の生命の美しさと完璧さを損なう輩《やから》は、神の恵みから遠ざけられる。汝らの生命は神の愛――宇宙の神秘の源――よりもたらされし神聖な宝なのだ。

神は汝らの心の『光』を信頼している。心の光をいたわり、敬い、最良の輝きと栄光を得るべく拡張させよ！　汝らの生命は貴重な真珠、汝らは神の財産の守り人だ。光を守り、神のためだけに使うがよい。生命の光を受けた以上、使用の責務を負うことを忘れるな。

永劫に続く円環である生命、その原理の上にこの都は築かれた。汝らが内なる愛と平和を認識し、己が『源』と同様のものを創造するなら、存在の円環を巡りつつ生命の喜びを味わい、さらなる歓喜に満たされよう。ひるがえって『源』とは似ても似つかぬ不純なものを創造するなら、生み出した悪は膨れ上がり、汝らに舞い戻るであろう。

運命を選ぶは己のみ。生命――己が存在――をどう扱ったか、神に申し開くのも己のみだ。大いなる法則からは誰一人逃れられぬ。この『生命の法則』については、長年汝らに訴えてきたはずだ。『己』の法則は己のためにある。生命の完全性を望めば、いつでも己が神に立ち戻ることができるからだ。

汝らが真理の道を踏み外さぬよう、内なる永遠の光を思い起こさせ、導くために、いつまでも余《よ》がここに参るとは限らぬ。遠い将来、余は人間の心の中で語りかけるつもりだ。生命を愛すれば、汝らは多くの者たちの内に宿る余を呼び求めるであろう。我が子らよ、混同せぬように。汝らが余――光――を知れば、汝らは余を探し求め、見いだすであろう。そして、ひとたび見いだしたなら、永久に余の内に生きるのだ。

その時、『父、母、子』が人間の心で一つになる。子は永遠に神への扉、神へと通じる道のりだ。汝らの意識と心には、常に余の『光』が宿り、余の『存在』を思い起こす。今後、余はその『光』の中にしか存在せぬつもりだからだ。

そして余は汝らの意識で叡智となり、汝らの心で愛を司る。さらば、汝らは唯一の生命――神――の平和で満たされるであろう。肉体は魂の道具にすぎず、魂には余の『光』が入らねばならぬ。さもなくば、汝は死に至るであろう。

汝らの意識に宿る余の光は、すべての光の中心へと入り込む『道』だ。余の光を介してのみ、体の一つひとつの細胞の中で光を拡大させ、存在をさらに発達させることができる。汝らの喉にも余の光があり、余の言葉を語る力となる。言葉によって、余は我が子らを、照らし、守り、完全なものにする。この三つの役目を果たさぬ言葉は、余の言葉ではない。発したところで災いしかもたらさぬ。

意識と心で余の光を瞑想せよ。しからば、あらゆる事象の内を見、あらゆる事象を知り、あらゆる事象をこなすだろう。以後、余に属さぬ物事に惑わされることはありえぬ。

いま、余がこの言葉を語るのは、地球の大地と大地の子らの記憶に刻み込むためである。いつの日か、神の子の一人が余の言葉を受け止め、世界の祝福のために伝えるからだ。『余の存在』が完全に受け入れられると、余は汝らの生命と世界で常に活動するようになる。体の細胞の一つひとつが余の『光』で輝き始め、永遠の『光の体《ライトボディ》』——縫い目のないキリストのローブ——で居続けられるようになる。そこで初めて、汝らは輪廻より解き放たれるのだ。数々の人間体験を通じて長い旅路を歩み、因果の法則を果たし、あらゆる条件を超越したとき、人は法則そのもの——全《まった》きの愛、『一なるもの』——と化す」

「アセンションを果たした永遠のキリスト体とはこのことだ」

私の方を向いてサン・ジェルマンが言う。

「その体では支配の中枢を操り、何からも自由になる。君はいま、その『一なるものの光』へと上昇できる状態にある。君の意識、君の心に光が宿っているからだ。その光をしっかり保っていられれば、制限のある肉体を次元上昇させ、純粋で永遠の光の体《ライトボディ》に移行し、永遠の自由と若さを備えた、時間、空間、場所を超える存在となれる。

君の内なる栄光の神はいつでも君を待っている。あとは実行あるのみだ。神の光に飛び込み、永遠の平和を得たまえ。準備は必要ない。神はすべての力を備えている。内なる神の光の抱擁に完全に身を委ねるのだ。そうすれば今日にでも、君の肉体はアセンションできるだろう」

彼が話を終えると同時に、それまで見ていた場面は消え失せた。


少し歩いて平らな巨岩が横倒しになったところで立ち止った。サン・ジェルマンが巨岩に力を集中させると、岩は地面から浮き上がり、脇にずれ、地下へ続く階段が現れた。十二メートルほど下ると、密閉された扉に出くわす。彼はすかさず扉に手を当てる。封印が解かれ、象形文字が現れた。

「この文字に意識を集中させるんだ」

言われるままに従うと、文字が読み取れた。扉にははっきりと「神が住まう人間のための神殿」と書かれている。ということは、先ほどの場面で目にした神殿の扉の実物だ。

扉がひとりでに開いたので内部に足を踏み入れる。神殿はあの「光の球体」を中心にし、大きなドームに覆われ、四隅にはそれぞれ小さなドームがあり、下は小部屋になっている。中に入ってみた。奥行き六十センチ、幅三十五センチ、高さ十五センチの金属製の箱がいくつも積まれている。そのうちの一つをサン・ジェルマンは開けて見せてくれた。金の紙に鉄筆で文字が刻まれた文書が入っている。この文明の記録だ。

四隅にある小部屋が、いずれも密閉され封印されているのに気がついた。四つの小部屋をつなぐ秘密の通路を見つけ、二つ目の部屋へ行く。そこには神殿が所有していた宝石類が詰まった容器があった。

三つ目の部屋には金や宝石の装飾品と、玉座その他の金の椅子が複数収められていた。皇帝用の椅子は、極上の金細工を施してあった。背もたれには、皇帝の頭を天蓋のように覆う貝殻がついていて、両サイドには覆い布が八の字型の小さな金の輪で留められている。覆い布は椅子の裏に寄せる構造になっており、職人技が冴えわたっている。

部屋の中央には長さ四・二メートル、幅一・二メートルのブロンズと金の台座に載ったヒスイ製のテーブルがあった。備えつけの椅子もヒスイ製で十四脚、脚は金でできている。優美な曲線を描き、背もたれには美しい彫刻が施されている。各椅子の背もたれ上部には、護衛のように華麗なフェニックスがついている。本体は金、目はイエローダイヤモンド。このデザインは魂と完全なる神の不滅、または燃え上がる苦悩の炎を経て、内なる存在に目醒めた各人が、低次の世界の灰から蘇《よみがえ》り、上昇して神なる存在へと変貌を遂げる様を象徴しているのだろうか。

四つ目の部屋には、それぞれ別の力が収められた七つのパワーボックス（と私が呼ぶもの）があった。明かり、熱、推進力などを得るため、宇宙から引き出した力を送受信する。記録文書によると、この文明の人々は高度な飛行船で世界各地を行き来していたという。この文明のあと、何千年にもわたりピルアと呼ばれる文明が栄え、その後にインカ文明が栄えたことになる。


帝都が埋もれる直前、栄光の最高神、偉大なる宇宙マスターが最後に帝国に現れた。この帝国に光をもたらし、その光を発展させ維持した存在だ。人々が彼に耳を貸しさえすれば、救われていたかもしれない。

宇宙マスターは帝国を滅ぼすであろう天変地異を五年前に予言した。自分が人類の前に姿を現すのはこれが最後であると告げたうえでだ。免れたいと思った者たちは、避難すべき場に向かう指示を受けた。大異変は突然に、しかもすべてを一掃するとの警告もなされていた。

予言を終えた直後、瞬く間に彼の体は消えた。狼狽する人々の面前で、永遠の光を灯していた水晶玉と台座もともに姿を消した。帝国崩壊の警告を受けた民は、しばらくは動揺を覚えて暮らしていたが、一年経過しても何事も起こらないと、予言に疑いを抱くようになり、偉大なる存在のことなど次第に忘れていった。

皇帝と高い精神性を備えていた者たちは、アメリカ西部のとある場所へと移り、大異変が起こる日までその地に暮らした。

警告から二年が過ぎた頃には、大多数の残留者の間に猜疑心《さいぎ》が蔓延し、他者を攻撃、抑圧して自分が皇帝になろうとする者まで出始めた。真の皇帝が帝国を去る際、宮殿とともに封印した光の神殿に、無理やり押し入ろうとした「自称」皇帝は扉の前で絶命した。

五年目の終わりが近づいたある日の正午、突然太陽が陰り、人々を恐怖に陥れた。日没頃に大地震が地を揺るがし、建物はみな崩壊、信じがたいほどのカオスと化した。

それが現在の南米大陸だ。大地がバランスを失い、東に引っ張られたため、西海岸全域が四十八メートル沈下した。その状態が長らく続いたあと、少しずつ隆起し、最終的には当初よりも十八メートルほど低い位置まで上昇し、今日に至っている。

この地殻変動はアマゾン川にも影響した。古代には幅二万八千メートル、現在よりもはるかに深く端から端まで船舶が航行でき、ティティカカ湖から大西洋まで流れる川だった。つまり昔は太平洋、ティティカカ湖、大西洋はアマゾン川でつながっており、運河のようになっていたわけだ。

当時、その大陸はメルと呼ばれていた。偉大なる宇宙マスターの名前にちなんで命名されたものだ。彼の活動の拠点がティティカカ湖だったからで、それはいまでも変わらない。アマゾンという言葉は「船を破壊する者」という意味だが、幾世紀も保たれた名前が実は、はるか昔に起こった天変地異の時代からのものだということは、あまり知られていない。

南米大陸全体が横方向に引き延ばされ沈下したことは、海岸線の状態が物語っているが、地質学者や科学者たちはいまだ解明に至っていない。現時点で自分たちが見つけた科学的データだけをもとにしているからだ。

自然の大変動が、かつて栄えた文明を宇宙のベールで覆い、いまは永遠の中に埋もれた断片だけが残るのみ。現時点でこの事実は、外界ではおそらく信じてもらえないだろう。しかし、いつの日かこの文明の記録――現在ロイヤル・ティトンに保管されている――が確固たる証拠となり、その存在と過去の時代の偉業が日の目を見る時が来るに違いない。

驚愕に値する情景を前に、疑問を覚えた。これほどまでの完璧さと美、素晴らしさを誇る文明を築いておきながら、天変地異で全滅せざるをえなかったのはなぜか？　いつものごとく、私の心を見透かしたサン・ジェルマンが説明する。

「いいかい。ある民族がこの宇宙マスターのような偉大なる光の存在から、直接教えや光の放射を受ける幸運に恵まれた場合、彼らには人間にとっての生命の計画が何であるかを知る機会や、自身の努力を通じて本来の完全な存在になる機会も与えられていることになる。だが、不幸にも過去何世紀にもわたって繰り返されたように、得てして人は生命を理解しようとせず、無気力に陥り、内なる神の力による真の自己実現に必要な努力を怠るものだ。恩恵であるはずの放射を当然とみなし、その力に依存するだけになってしまう。ところが、個人が意識的に努力するのをやめ、生命と調和、また共存しなくなったとき、それまで支えていた力は取り上げられることになる。

自分に起こるほとんどの幸福を支える力が、光をもたらす存在から来ているものであると気づくケースは稀だ。気高い魂を持つ一部の人間にマスターへの道のりを示し、転生のたびに神の生得権を思い起こさせる。だが、働きかけても無駄となれば、アセンデッド・マスターたちの光の放射はある時点で撤収される。そこで初めて援助を断たれた者たちは、これまでの成就が自分の力によるものではなかった事実を突きつけられる。

マスターたちの援助が得られるのは、その者が努力する場合のみ。そのことを人間は理解すべきだ。努力する人間は、体験によって否応なしに意識を拡大させられる。それが成されたとき、神の支配が表面化し始めるのだ。

意識的に努力して、人間を通じた神の支配を表現しようとする者に、失敗は存在しない。失敗は意識的な努力をやめた時に訪れるからだ。人が直面する体験はすべて一つの目的、つまり当人に自分の源を気づかせるためだけにある。人は自分が何者かを学び、自分が創造主であると同時に、自らが創造したものの支配者であることを認識しなければならない。

この宇宙のどこにいても、創造の力を授けられた人間は、常にその力と共存しながら創造していく責務を負う。いかなる創造も自意識の努力によって成されるべきものなのだ。生命の大いなる贈り物を受けた人間が、責務を負うのを拒否すれば、人生で不快な体験に何度も遭遇し、責務を負うようになるまで続くことになる。人間は限られた状態で生きるように創られてはいないため、生来の完全性が存分に発揮されないと真の安らぎは得られない。完全性、支配、あらゆる物質と力の調和がとれた、使用とコントロールが生命の道のりであり、人間にとっての神の本来の青写真だ。

内なる神とはまさにその完全性と支配だ。みなの心に宿る『存在』こそが生命の源——あらゆる善と完全性をもたらすものだ。よきものの源泉としての自分の源を自覚した時、必然的によい物事が、当人と彼を取り巻く世界に向かって流れ始める。自分の源に意識を向けること、それがあらゆる善への扉を開く黄金の鍵なのだから。

各自に宿る生命は神である。生命を理解し、生命を通じて存分に善を表現すべく意識的に努める。そうすることによってのみ、外界での体験で生じる不和を鎮めることができる。生命、個人、法則は『一なるもの』、だから完全に永遠なものとなるのだ。

そろそろジュルア川付近に埋もれた都市へ行こう」


西に向かっていくと、やがて小高い丘に着いた。サン・ジェルマンが片手を上げると、またもやその地で暮らした人々のエーテル界に刻まれた記録が再現された。帝国第二の都市の光景が目の前に広がる。帝都は霊的パワーと精神的活動の中心だったが、ここは商業活動と臣民の福祉を担う行政面の中心だ。そのため、国庫や造幣局、実験や発明をする政府管轄の研究所などもあった。

この都市からさほど遠くない距離に雄大なアンデス山脈がそびえていた。帝国の豊富な財源である鉱山もそこにあった。街を行き交う人々を見ていて、ある特徴に気がついた。どの人の顔からも完璧なまでの心の平穏、喜びが感じられる。落ち着いた様子で、軽快な足取りであちらこちらの通りを歩いていた。

映像を見終え、岩ばかりが目につく場所を目指して歩き出した。そのうちの一つの岩に、サン・ジェルマンが手を触れる。すると岩が移動し、地下に続く金属製の階段が現れた。二十段ある階段を下ると、今度は金属製の扉が前に現れる。扉をくぐり、さらに二十段下ると、行く手を遮るように重たげなブロンズ製の大扉が立ちはだかった。封印してある。マスターは右側を手探りし、スイッチボックスを見つけた。パイプオルガンのストップのようなボタンがいくつもついている。そのうちの二つを押すと、大扉がゆっくりと開いた。中に入り、広々とした部屋に立ちつくす。何もかも当時のまま保たれているようだった。発明品の展示室として、一般の人々に公開されていた場所だ。陳列棚はどれも乳白光を発するガラスと金属の化合物で造られている。

「見てのとおり」

サン・ジェルマンは語る。

「これはガラスといくつかの金属を融合したものだ。その方法で鋼鉄のような強度を持つ不朽の金属を創り出す。現代にこれとほとんど同じ工程を発見する一歩手前までいった男がいる。たった一つの要素が欠けていたため、惜しくも金属を不朽にするには至らなかった」

よく見ると部屋中にこの特殊な金属が張られていた。どこかに通じる大扉が三つある。サン・ジェルマンは壁についたスイッチボックスのところへ行き、たくさんあるボタンの中から三つを押した。すぐに三つの大扉が開いた。一つ目の部屋に入ってみる。狭く長い通路状で、部屋というより金庫室に近い。硬貨の保管場所になっているらしく、端から端まで棚があり、一ドル銀貨と同じ大きさの金貨が所狭しと並んでいる。どれも皇帝の顔が刻印され、上部に「人間への神の恵み」という銘刻があった。

二つ目の部屋も同様の保管場所で、カット前の各種宝石類が収められていた。三つ目の部屋も狭い保管場所で、金の薄板が置いてある。あの時代に使用されていた発明品の製造手順や化学式などが記された秘密文書とのことだ。

「実用化に至らなかった発明品の製造過程や化学式も多い。中にはいまの時代に実を結ぶものもあるだろう」

彼がスイッチボックスのところへ戻って、別のスイッチを押すと、四つ目の扉が開いた。隠し扉となっていて先ほどは気づかなかったのだ。アーチ型のトンネルまたは通路で、少なくとも四百メートルはあったと思う。行き着いた大部屋は造幣局を併設した国庫だった。

造幣局の本局らしく硬貨製造用の機械がずらりと並ぶ。金に刻印する機械や宝石のカット、研磨用の機械もあった。完璧な製造工程には感心することしきりだ。ここでサン・ジェルマンは展示室で目にしたガラスと金属のサンプルを見せてくれた。水晶のように明るい澄んだ色をしている。

この部屋には膨大量の天然金塊、金粉、金の延べ棒が収められていた。延べ棒はどれも三・五から四・五キログラムはある。一箇所に結集した莫大な富に、呆気に取られる私。心中を察してサン・ジェルマンが説明する。

「君がいま目にしている富を一般大衆に手渡すのは、現時点では不可能であり得策でもない。商業主義に走る昨今、人々のエゴイズムを考えれば、大自然の恵みを大量に浪費するのは目に見えている。彼らに委ねるのは狂気の沙汰だ。

神も大自然も、この世に転生して生きる人間を祝福し、有効に使用してもらう目的で、出し惜しみすることなく富を授けている。だが、人間が抱くエゴイズムや権力欲が、生命の高次の道を忘れさせ、他者に対する非人間的な行為を生み出す要因となっている。

民衆を統制する地位に上り詰めるひと握りの人間は、自分は彼らに何で貢献できるか、一人ひとりに最大限の奉仕をするにはどうすればいいかを知るために、十分な知性を身につけておくべきだ。ところが、この決まりきった法則を認めたがらないと、私欲がもたらす自滅の道を進む。他者をコントロールしたいというエゴイズムや権力欲は理性を失わせ、危険を察知する外的意識《アウターマインド》の知覚を鈍らせる。そうなると――霊的にも、精神的にも、倫理的にも、肉体的にも――破滅へと転落するのは必至で、その影響は多くの場合、三、四回分の転生にまで及ぶ。エゴイズムから人を引き離し、上昇させられるのは、光だけだ。

人間がエゴイズムやあらゆる欲の泥沼から這い上がらなければ、神と大自然がもたらし、正しく使われるために保管しているこれらの富は到底委ねられない。しかし、エゴイズムや欲望を手放し、魂を清めた者が、他者を祝福する目的で正しく使うならば、これらの富を使用する権利が与えられる。大自然の恵みを適切に管理できるだけの資質を十分に備え、来るべき時代への心構えができている者だけに、これらの富を際限なく使う権利がある。神も大自然も恵みを有効に使用し、分配してもらうために供給しているのだ。賢明な使い方ができること、それがここにある富を託せるかどうかの必須条件だ」

それからサン・ジェルマンは腕を組み、つけ加えた。

「偉大なる神よ、あなたの子らがあなただけを求められるよう、彼らの心にしかと根づきたまえ。そうすれば、あなたの大いなる恵みを悪用する者はいなくなるだろう」

扉を全部封印し、元の状態に戻してから私たちは帰路についた。

ロッジの自室に戻った私は、難なく自分の肉体に入った。毎度のごとく、彼がグラスを手渡してくる。活気を与える液体で満たされていた。

「君は本当に有能な助手となるだろう。神の恵みが絶え間なく君にあらんことを願う」

彼は私を祝福し、一礼したあと去っていった。

7章　秘密の渓谷

　ある日の午前中、奇妙な手紙を受け取った。差出人は不明で、書面上ではなく直接会って話したいことがあるので、アリゾナ州ツーソン市内のとある住所まで来てほしいという。このメッセージが届いたのには、一方《ひとかた》ならぬ理由があるのだろう。私の内なる神が望んでいるのを感じ、呼びかけに応じることにした。

　それから数日後、指定された住所まで出向いた私は、呼び鈴を鳴らした。すぐにドアが開き、四十歳前後の背の高い紳士が現れた。銀髪にグレーの瞳、身長は百八十三センチぐらいだろうか。

　私が簡単に自己紹介すると、心のこもった握手で応じてきた。誠実さと頼もしさが全身からにじみ出ている。澄んだ瞳も穏やかで動じることなく、強いエネルギーを内に秘めているようだ。

　何よりも彼の中に調和を感じた私は、きっとよき友人になれるに違いないと確信した。おそらく彼の方も同じ思いだったのだろう。丁重な物腰でリビングに通され、席を勧められた。

「本当によく来てくれました。無理な要求にわざわざ応じていただき、感謝申し上げます。不審に思われても当然だったのですから。あなたの住所は、ある方から伺いました。その件は後ほどお話しします。実はいろいろな経緯から、特別な場所を発見したのですが、どうしてもそこへあなたにご同行いただき、事実を確かめてもらわねばならないのです。

その場所や私の身に起こった出来事を、打ち明けられるのはあなただけだとのことで、直接連絡を取るよう勧められました。事情を説明するには、二十年前までさかのぼらねばなりません」

そう言って彼は打ち明け話を始めた。

「当時、私は美しい妻と暮らしていました。いまではその美しさが内面的成長の現れだったと理解できますが、その頃はまったく気づいていませんでした。一人息子が生まれて、夫婦で溺愛していました。五年間の結婚生活は幸せの極みだったと言ってもいいほどです。ところがある時、何の前触れも、理由もなく、突然息子が行方不明になりました。

何週間も必死になって探しましたが、何の手がかりもありません。結局、諦めざるをえなくなりました。妻はそのショックから立ち直れず、五カ月後に死亡しました。

この世を去る数日前、彼女から奇妙な頼み事をされました。死後一週間は自分の体を安置し、そのあと火葬してくれというのです。急にそんな話をし出すなんておかしいなと、その時は思いましたが、結果的に、私は彼女の願いどおりにすることになってしまった。ところがその後、信じられぬことが起こったのです。葬儀から五日目、墓地の担当者から電話があり、朝行ってみると遺体安置所の棺から彼女の遺体がなくなっていたというではありませんか。それが何を意味するのか、もちろん私には知るよしもありませんでした。

それから十六年経ったある日の朝、目を覚ますと部屋の床に私宛ての手紙が置かれていました。切手も差出人もありません。拾い上げて開封し、読んでみたところ、信じられず困惑するばかりでした。次のような内容です。

《奥さんも子どもも生きていて、元気にはつらつと暮らしている。近々二人に会えるので、それまで焦らず待ち続けてもらいたい。死というものが存在しないことを実感し、喜んでほしい。再会の日時は、追って封書にて連絡する。この件を人に話してはならない。再会できるかどうかは、すべて君の秘密厳守にかかっている。不可解に思えることはみな、自分の目で確かめ、納得のいく説明を受けることになる。その時、真実がフィクション以上に不可思議で素晴らしいものであることを理解するだろう。最高のフィクションは宇宙のどこかに存在する真理の記録だからだ。

「ある友人」より》

どんなに驚いたか。あなたにも想像がつくでしょう。初めは何一つ信じませんでした。三日目の晩のこと。暖炉の火の前に座っていたところ、突然妻の声が聞こえてきました。まるでそばにいるかと思うほど、はっきりした声で。

〈ロバート、私は元気よ。あの子も一緒にいるの。あなたとの再会を心待ちにしているわ。だからメッセージを疑わないで。みんな本当のことだから。あなたが疑って扉を閉ざさなければ、私たちのもとへ来られるわ。いま、音の光線を使ってあなたに語りかけているの。そのうちあなたにもできるようになるでしょう〉

私は耐えきれずに叫んでいました。

『ひと目でいいから姿を見せてくれ。そうしたら信じるから』

するとすぐに返事がありました。

〈わかったわ。ちょっと待って〉

三分後、黄金に輝く光線が部屋に射してきたかと思うと、トンネルの形を作り始めたのです。トンネルの向こうに立っているのは、紛れもなく彼女でした。

〈奇跡のような出来事は、何年間もあなたの人生に起こっていたわ。でも、あなたの意識が別の方を向いていたから、私たちはいままで待たざるをえなかったの。これから届くメッセージを信じて。そうすれば私たちのもとへも来られるし、新たな世界も開けるわ。私たちの大きな愛を妨げるものは何もないのだから〉

やがて光線も妻の声も消えましたが、私は大きな喜びに包まれていました。疑いは何もなかった。気分も落ち着き、もう何年も味わうことのなかった心の平穏を取り戻したのです。

それからさらに何週間か待ちました。自分の内面で起こっていることを十分に理解するための、準備期間だったのだと思います。

とうとう待ちに待ったメッセージが届きました。そこには、私が従うべき指示と地図も添えられていました。

メッセージはツーソン南東部の高山地帯に行くよう誘《いざな》っている。そう理解した私は、ただちに出発の準備を始めました。知人たちにはちょっとした探検に出ると告げて、馬一頭と運搬用のラバを買い、目的地を目指しました。さほどの苦労もなく指定の場所は見つかりました。カラスと同じように飛んで行けたなら、二日もかからずに辿り着いたでしょうが。

三日目の日没直前、わかりにくい場所にある渓谷に着きました。地図がなければ見過ごしていたかもしれません。テントを張った時には、辺りは暗くなり始めていました。毛布にくるまり、すぐに眠りに落ちた私は、夢を見ました。非常にはっきりとした夢で、朝目覚めると、そばに一人の若者が立っていて、こちらを見つめているのです。

朝になって目を覚ますと、驚くことに実際、夢に出てきた若者が立って私を見ています。屈託のない笑顔で挨拶すると、彼は私に言いました。

『案内しますから、僕についてきてください』

いつの間にか私の荷物をまとめてくれたらしく、彼はそのままひと言も発することなく、先導して渓谷の頂上を目指しました。一時間ほど歩いたところで、行く手を岩壁に阻まれました。

立ち止まった若者が岩に手を乗せ、強く押します。すると三、四メートルほどの部分が三十センチほど奥に押し込まれ、そのまま横に滑りました。中はトンネルになっていて、どうやら太古の地下水脈の跡のようです。若者が入口を閉め、また二人で歩き出しました。坑内は穏やかな光に照らされ、暗くはありません。目にした光景には驚くばかりでしたが、メッセージで指示されていたことを思い出し、余計なことは言わずに黙って進みました。

トンネルを一時間以上歩き続けた末に、重たそうな金属製の扉に突き当たりました。若者が触れると扉が開き、彼は横に退いて私を先に通します。内部に入った私は、美しい光景に目を奪われました。眩いばかりの陽光の下に美しい渓谷がある。それも四平方キロメートルにもわたる壮観な眺めです。

『長い、長い不在の末に、あなたはようやくこの住まいに帰り着いたのですよ』と若者に言われました。『すぐにその意味がわかるでしょう』と。

彼のあとを追うようにして、渓谷上端にある絶壁のふもと近くの美しい建物へと続く道を歩きました。建物に近づくにつれ、周囲にオレンジやナツメヤシ、クルミ、ペカンナッツなど、さまざまな種類の果実や野菜が豊富に育っているのが目に入ってきます。絶壁から流れ落ちる滝がその足元に澄んだ泉を形づくっていました。建物は見るからに堂々たる貫録で、何百年もそこにあったのではと思うほどです。

やっと建物の玄関口に辿り着くと、白い衣装の美しい女性が入口から現れました。そばに寄って初めてそれが最愛の妻であることに気づきました。以前より一段と美しさを増しているではないですか。両腕を広げて彼女を抱きしめ、しばしじっとしていました。何年間もの耐えがたい苦悩の日々よりも、ずっとずっと長い間抱き合っていた気がします。その後、妻は私を案内してくれた若者を見やり、彼の肩を抱いてこう言いました。

『私たちの息子よ、ロバート』

『君が!?』

感激のあまり、それしか言葉が出ませんでした。

私たち親子に再び幸せが訪れたのです。深い感謝の念と愛情に包まれながら、しばらく三人でそのまま抱き合っていました。この子が行方不明になって十六年、ということは、二十一歳になるのか——私の思いに応じて息子が言います。

『そうだよ、パパ。明日の誕生日で二十一歳になる』

『どうして私の思ったことを、いとも簡単に読めるんだい？』

『僕らにとってはごくあたり前のことなんだ。仕組みさえ知れば、単純で自然なことだと、パパにもわかるよ』
　息子は私の腕を引いて言いました。
『さあ、中へどうぞ。お腹が空いたでしょう、何か食べよう』

　由緒ある建物の内部に入ると、内装にはピンク大理石と白メノウが使われていました。美しい部屋に通され、降り注ぐ朝日を浴びて体力を取り戻すと、用意されていた白のフランネルの衣服に着替えました。ぴったりなのには驚きましたが、余計なことは訊かないという忠告を思い出し、黙っていました。身支度を終えた私は、階段を降り、そこで一人の紳士を紹介されます。私と似た背格好で、射抜くような黒い大きな瞳が印象的でした。

『パパ、こちらは敬愛なるマスター・エリエル』

　息子が紹介してくれました。

『ママと僕の命を救って、今日この場で家族が再会できるよう、何年も僕らを訓練してくれた方だ。パパにメッセージと指示を送ったのも彼だよ。パパも訓練を始める時が来たからさ』

　食堂に連れて行かれましたが、その荘厳さには返す言葉もありませんでした。建物一階メインフロアにある南東向きの角部屋で、日中の日差しを存分に浴びていましてね。壁は重厚なクルミ材製で彫刻が施され、天井は六角形のモチーフをつないだ寄木細工で象眼が埋め込まれています。テーブルに使われているのは、厚さ五センチはある堅固なクルミ材で、意匠を凝らした彫刻が施され、何千年も昔の骨董品に見えました。テーブルについてまもなく、痩身の青年が入ってきました。息子が紹介します。

『彼は僕らの兄弟、ファン・ウェイ。幼い頃に命を奪われそうになって、マスターが中国から連れてきたんだ。中国の由緒ある家系の出身で、多くの奇跡を起こす人さ。ずっと僕たちの力になってくれて、僕たちも彼を兄弟と呼べることを誇りに思っている。彼ほど陽気な性格の人は見たことがないよ』

朝食は新鮮なイチゴにナツメヤシとクルミのケーキで、おいしくいただきました。

その後、客間に通され、そこでマスター・エリエルから言われました。

『私は、君のツイン・レイである奥さんがこの世を去る機会を利用して、次元上昇させることにした。そうすることで計り知れぬ自由を得て、世の中により奉仕できるようになるとの意図からだ。彼女を導く幸運に恵まれたことは、私にとってもこの上ない名誉だった。

遺体が収められた棺を開け、意識を戻してから、奥さんに肉体を上昇する方法を教えた。彼女は光に対する思い入れが強く、すでにその時点で非常に高い霊的状態にあったため、アセンションは楽に達せられた。君も含めた多くの者が、彼女が死んだと思い込んでいた時に、私はそのことを彼女に説明していた。

遠い過去の転生時、君たち三人は私の子どもだった。多大な愛は以後、幾世紀経ても持続している。彼女の深い愛が、今回私の援助とアセンションを可能にしたのだ。

息子さんの方は身代金目的で誘拐され、この渓谷に連れてこられた。ところが、誘拐犯の二人が内輪もめを始め、そのうちの一人が子どもを殺そうとした。

そこで私は肉体を持って彼らの前に現れ、子どもを奪い返した。恐怖に身がすくんだ犯人らは、ショックから立ち直れずに、二人とも数週間後に死んでいる。他者の命を奪う行為は、未遂であってもその意志がある限り、自身の命が奪われる原因を作動させる。

誰かが死ぬことを願う、あるいはそんな感情を抱くと、他者に向けて放たれた感情が、巡り巡って放った者に返ってくる。多くの場合、人間は何らかの不正行為に激高し、恨みが生じるに任せ、時には不正の張本人がこの世から消えることさえ願う。これは死の思考の巧妙な手口で、相手の死を願った者が報いを受けることになる。

この不変の法則は何者も免れぬため、多くの者が自己の行為で自ら死を招いている。そういった思考や感情に呆《ほう》けているから、人類は死を体験しながら転生を続けているのだ。

実質的な暴力行為で死ぬ者の数は、それらの破壊的な思考と感情や、発せられた言葉によって引き起こされる死と比べれば微々たるものだ。人類は何千年にもわたってそのようなやり方で、互いに殺し合っている。生命の法則を学ぼうとも、従おうともしないからだ。

生命の法則以外、何も宇宙には存在しない。その法則とは愛だ。この永遠の命令、慈悲深い命令に従わず、従う気もない自意識、思考する自己は、肉体を保つことも、保ち続けることもできない。愛以外のものはいずれも形を消滅させるからだ。思考や感情であっても、言葉や行為であっても――意図的であろうと、なかろうと――必然的に法則は作用する。思考も感情も言葉も行為も作用する力であり、各々の軌道を永遠に回り続けるものだ。

この法則を理解し、一瞬たりとも自身が創造をやめることはないのだと悟ったなら、人間は内なる神を呼び醒まして、誤って創り出したものを浄化し、自身の限界から解き放たれるだろうに。

人間は不和の繭を自分の周囲に作り、その中で眠っている。築くことができる者は、壊すこともできるという事実を忘れて。魂の両翼――敬意と決意――を使えば、自分で創った闇を打ち破ることができる。そうすれば、再び自身の中心である、内なる神の光と自由の中で生きられるのに。

けれども君と君の家族——いや、むしろ私の愛すべき家族と呼ぼう——の奮闘によって、苦悩の塊に見えた雲は裏表が逆になり、その金色の栄光を映し出している。その光の輝きに身を投じたいま、もはや君がそこから離れることはないだろう。

人間には、自分たちに向けられた素晴らしい物事に気づかぬために、無意識によきものが近づくのを妨げるきらいがある。君がここへ招かれたのは、家族との再会だけでなく、君の中に息づく大いなる神の存在と、その力を使うための教えを受けるためでもある。いかにその力をコントロールし、解放するかを理解すれば、君に不可能なことはなくなる。

君との交信に、奥さんも息子さんも光と音の光線を使った。これについては、後ほど詳しく説明しよう。君もそれを自分の意志で上手に使える段階まで達しているからだ。君はいま、大いなる神の力を深く意識し始めている。その性質を思うままにコントロールできるようになったとき、解放を待ちわびる神の力に気づくだろう。

君はここに六週間滞在し、訓練を受けるんだ。その後は身につけたことを外界で発揮してもらう。もちろん、いつでも遠慮なく戻ってきてくれ。いまや君は我々の仲間なのだから』

神の力について学び、その使い方を教えられ、自分の能力に気づいて、驚かされて……六週間の渓谷での滞在が私にとってどれほど意味があったか、とても言葉にはできません。自分を信頼し始めるようになると、何事も順調に進むようになりました。そして気づいたのです。人間にとっては不可解な謎に思える出来事が、この素晴らしい『内なる存在』にとってはごく自然であたり前のことなのだと。

自分は本当に神の子であると悟らねばなりませんでした。あらゆる善の源、無限の叡智とエネルギーの子として潜在意識の導きに従いました。そしてマスター同様、自己管理できるようになった時、瞬時に成果が見られるようになったのです。大いなる法則を扱う自分の能力を信頼すればするほど、達成の度合いは早くなりました。偉大なマスターから永遠に湧き出てくる愛と叡智の泉を思い出すだけで、いまでも幸せな気持ちになります。私たちは深い尊敬の念とともに彼を愛し、その愛は、親子の間に存在しうるどんな愛よりも強いものです。霊的理解で結ばれた愛の絆は永遠で、人間体験で得られる最も強く美しい愛も比較にならないほど奥深いものです。しばしばマスターは私たちにこう言っていました。

『君たち自身が神の愛の永遠の泉となり、どこに行こうとも愛を振りまくのであれば、君たち自身があらゆる善の磁石になる。そうなれば引き寄せた善を分け与えるために、さらに人々に協力を求めざるをえなくなるだろう。魂の平穏と平和は、外的意識《アウターマインド》を従わせる力を解き放つ。このことは声を大にして訴えるべき事柄だ。秘密の渓谷にあるこの我々の住まいは、四千年以上も使われてきたのだ』

ある日、マスターと神の所有物について話をしていると、急に真剣なまなざしになって散歩に出ようと誘われ、私たちが渓谷に入ってくるのに通った道とは反対側にある道を歩きました。南の岩壁が道に沿って東西に走っています。地中から出て高さ二メートル以上まで達し、六百メートルほど続いてまた地中に潜っています。近づくにつれて、白石英の鉱脈であるのに気がつきました。マスター・エリエルは鉱脈が地表に露出している部分に歩み寄り、足先で表面の一部を崩しました。どうみても大きな天然の金塊です。私の人間的な感情、つまり金に対する思いが頭をもたげかけたのですが、即座に『内なる存在』が歯止めをかけました。笑みを浮かべたマスターが言いました。

『それでいい、それでいいのだ。私は急な用事でヨーロッパに行かねばならない。今回はこれにて失礼』

笑顔を見せながら突然姿を消しました。マスターの支配力を見せつけられたのはそれが初めてのことでした。こうやって彼は何事も可能にしているのか。すると、つい先ほどまでエリエルがいた場所に息子が現れました。目を丸くする私を嬉しそうに眺めています。『ママも僕も、この体をどこにでも持っていくことができる。自然の法則だから驚かなくていいよ。自分にはまだできないから、パパには不思議に映るだけさ。中世の人々に電話を見せるようなものだよ。彼らだって当時その仕組みと法則を理解していたら、いまの僕らと同じように使っていたはずだろうからね』

初めて秘密の渓谷を訪れ、家族と再会して以来、あそこへは合計七回通いました。最後に渓谷から外界へ戻る際、マスターからあなたの住所を渡され、連絡を取ったわけです。あなたを渓谷に招待したいので、ぜひ私と一緒に戻ってきてほしいと」

家主は何時間も一人で話していたことに気づき、それまで黙って彼の話を聞いていた私に詫びた。私はそれに対し、彼の体験談にすっかり引き込まれて、時間が経つのも忘れていたと告げ、マスター・エリエルの招待を喜んでお受けすると、率直に述べた。とその時、一人の背の高い青年が部屋に入ってきた。嬉しそうに青年を見て、家主が紹介する。

「我々の兄弟、ファン・ウェイです」

青年は、流暢な英語で私に語りかけてきた。

「光の心を持つあなたが、わざわざ遠くから出向いてくれるなんて。感激で胸がいっぱいだ。あなたの穏やかさと輝きがひしひしと魂に伝わってくる」

それからロバートに向かって「忙しそうだったから、手伝いに来たよ」と言った。

「これから一緒に食事でもいかがですか？」

家主の申し出を受け入れ、三人で食堂に向かった。楽しい夕べのひと時を過ごしたあと彼は話を再開し、マスター・エリエルとの体験をいろいろと語ってくれた。どれも人間の側から見れば信じられぬ事柄ばかりだったが、神の立場から見れば実に自然な内容だった。

不意に光、というよりは光のチューブが室内に入ってきた。これまでの会話の流れから、それは彼のツイン・レイ、つまり彼の奥さんだとわかった。私の方に向かってくる光を見たロバートが語りかける。

「ハニー、マスター・エリエルが会うようにと勧めてくれた兄弟を紹介するよ」

私はこの目で彼女の姿を見、彼女の声をはっきりと聞いた。まるで私たちの傍らにいるような感覚だった。このようなかたちのコミュニケーションは、私にとっても素晴らしく嬉しい体験だった。チューブの形に光を濃縮させ、それを通して映像と音声を伝える。彼らにとってはサーチライトをつける程度の現実的な感覚なのだろう。

ロバートから渓谷に行くまで滞在するよう勧められ、そのまま彼の家に厄介になり、一週間後、日の出前に一緒に出発した。それは生涯忘れられぬ体験になったと言っていい。何もかも彼が語ったとおりであるのをこの目で確認した。

秘密の渓谷への訪問は喜び溢れるイベントとなり、我々は幸福なひと時を過ごした。彼の奥さんと息子さんにも直接会うことができ、大勢の弟子たちが神の法則を教授され、真に理解し、永遠の自由を達成している由緒ある学び舎もくまなく案内してくれた。

アセンデッド・マスターたちが自らの使命のために造り、何世紀にもわたって神の偉大な力が集約されてきた静修地《リトリート》にいるなんて感無量だった。ここへ来る栄誉を得られた弟子たちの幸運に思いを馳せていると、マスター・エリエルが話しかけてきた。

「君にも素晴らしき解放の瞬間が刻一刻と迫っている。君自身の内部にある『師の存在』を受け入れ、しっかりと摑むのだ。そうすれば、大いなる喜びを得られるだろう」

マスターは右手を伸ばし、目に映るものと映らぬものとの間にあるベールを外す仕草をする。

「我々アセンションをした者がどのような目で世界を見ているのかを、ぜひ君にも体感してほしい。ここでは何もかもが証明されている。神の子である我々の中には、疑念や恐れ、不完全なものは存在しない」

尊敬に値する人々とともに数日間を過ごす特権を得た喜びを、今後も常に思い起こすことだろう。

マスター・エリエルの言葉は、いまでも脳裏に焼きついている。

「時間、空間を超える光と音の光線を、君は日々目にすることになるだろう。いずれ人間が、いまの電話のようにごくあたり前に使うことになるものだ。個人が身につけられる最も驚異的な活動の一つだ。光の光線なら金属にも天空にも鉛筆のように書いたり消したりできるし、書いたものを好きなだけ残しておくこともできる。

無知な世論に十分に立ち向かえるほど強くなった時こそが、アセンデッド・マスターたちが顕在化させている素晴らしき神の業の証人となる準備が、弟子にもできたということだ。

それが達成されるまでは、他者から来る助言や疑念の力に惑わされ、真理の探究を断念することも少なからずある。継続的な学びの流れを断つのは不和以外の何ものでもない。不和は地上に不気味な力を割り込ませる陰険な手段で、弟子の外界での活動に頻繁に入り込み、光を遮ろうとする。

不和は、感情に直結する巧妙な作用で感知されずにすり抜けるものだけに、厄介極まりない。執拗なうえ、潜行性があり、表面化するまで本人は何が起こっているのか気づかぬ場合が多い。

この手の感情は些細なわだかまりから始まる。それは二度、三度感じただけで不信感に変わる。その不信感が感情体を一、二回巡ると疑念になり、疑念は自滅へと行き着く。

外界に戻った時には、このことを思い起こしてほしい。君の今後の人生経験において、防護壁となるだろう。そうすれば、不和とは接することなく生きられる。誰もが自分自身で描いた世界に暮らしている。疑念を放ったら、疑念を受け取るだけだ。この取り消しの利かぬ命令は、宇宙全体に存在する。衝動的に飛び出した意識はみな、出どころに戻ってくる。一原子たりとも例外はない。

真の光の弟子は、光と真正面から向き合い、光を送り、光に包まれ、光とともに動き、常に光を敬う。人間の心が抱える不安や恐れ、疑念や無知に背を向け、光だけを見る。それが彼の源――真の自己だ」

エリエルが別れ際に送ってくれた、このはなむけの言葉を胸に、私は外界での日常生活に戻ったのだった。

8章　神の遍在する力

渓谷から戻った翌日、仕事の予定が入った。時間も神経もかなり使う案件だったが、我ながら珍しく、いつになくやる気になっていた。

まずはある人物と連絡を取ることから始まった。鉱山のバイヤーだが、とても威圧的な男で、ビジネス上でも我を押しとおし、策略さえいとわない。自分の知力と意志のみを信じ、それ以外にはまったく関心も理解も示さない、そんな人物だ。自分の目の前に立ちはだかるものは、人でも物でも打ちのめし、目的達成のためには、いかなる手段もためらわない。

その男とは三年前にも仕事上で関わりがあった。高飛車な態度を崩さず、あまりに自己中心的であったことから閉口した覚えがある。他者を支配したがる彼に対して警戒心を抱いていたにもかかわらず、今回は私自身が外界での活動で集中する方法を知っていた。また彼と仕事かと思うと気が重くなったが、即座に神の法則を用いて彼への対処法を考えてみたところ、内なる声がはっきりと告げてきた。

「なぜお前の大いなる存在にこの状況を委ねようとせぬのだ？　内なる力には何者の支配も及ばぬ。内なる神はいつでも無敵だ」

強い感謝の念を感じた私は、すべてを「その手」に委ねることにした。

当日、そのバイヤーは二名の男性を伴ってやってきた。彼らも同行させたいというので同意し、一緒に遠方の州にある鉱山の価値を評価しに出かけた。その鉱山には相当の価値があるのではないかと私は感じていた。オーナーは年輩の女性で、前オーナーである善良な夫を数カ月前の鉱山事故で亡くしている。鉱山を相続した未亡人が素人であるのをいいことに、男は安く買い叩こうとしているのではないだろうか。

車での長旅の末、目的地まで辿り着いたのは、翌日の午後二時だった。オーナーと顔を合わせたが、実直、誠実そのもののご婦人だ。私は即刻、公正な取引がなされ、彼女が見合った金額を受け取れるよう計らう決意をした。

邸宅で素晴らしい昼食をごちそうになったあと、私たちは鉱山の評価に取りかかった。採掘所、坑道、横坑、縦坑と視察していくうち、何かがおかしいと気づいた。現場の空気が私に何かを伝えている。

豊かな鉱脈があるにもかかわらず、所有者には何の報告もされていないと私は確信した。バイヤーが手下を一人労働者として送り込み、現場を監視しつつ監督の信頼を得たようだ。監督は好人物だが、精神面では賢いとは言いがたい。

監督と立ち話をしていた時、内なる神が事の次第を教えてくれた。少し前に今回同行している二人はこの場に来て、それ以前に発見されたという坑道を視察しているという。発破によって表面が崩れた際、豊かな含金石英脈が露出した。監督がオーナーに報告に走ろうとすると、送り込まれていた手下の労働者が引き止めた。

「待ちなよ。俺はこの鉱山を買いたがっている人と知り合いなんだ。いまの地位に居続けたかったら、黙っていた方が無難だぜ。見返りに五千ドルを渡すよう便宜を図ってやるよ。あんたが今後も監督でいられるよう口添えもしてやる。いいじゃねえか。どっちにしても、あの婆さんの余生には十分な金が入るんだから」

職を失うかもしれないという不安が、監督を同意になびかせた。

鉱山の視察では、主要な坑道の終点まで行き着いたが、本当はその先に発見された新たな鉱脈があると予感した。緩い岩層で巧みに覆い隠し、これ以上奥は危険だと見せかけている。オーナーへの報告書には危険地帯であると記されていた。その場を視察し、他の者たちと話をしていたところ、私の内なる目が開き、現場で起こったことをすべて見せてくれた。豊富な鉱脈が発見された瞬間、監督へ話を持ちかける男の姿、トンネルを覆い隠す作業の様子。自分の抱いた感情が確かなものであったと証明してくれたことに感謝したが、いましばらく待ってから行動しなければならないと思った。

視察を終えてオーナー宅に戻り、早速交渉が始まった。

バイヤーが出し抜けに問う。

「率直にお訊きしますが、アサートン夫人、あの山をいくらで譲るおつもりで？」

「私は二十五万ドルほどでと……」

柔らかな口調で彼女は応じた。

「何だって！」男は叫ぶ。

「そんな馬鹿げた話があるものか！　せいぜいその半値だぞ」

急に態度を豹変させ、まくしたてながら自分のペースに持っていく。昔からのやり口を、いまだに使っているらしい。

脅したりすかしたりした挙げ句、オーナーに迫った。

「アサートン夫人。あんた、この物件を売りたいんだろう？　こっちはそれを買ってやろうって言っているんだよ。しかも、寛大にも十五万ドルでどうかって」

「少し考えさせてもらえるかしら……」

相手の態度に怖気づき、譲歩の姿勢を見せ始める夫人。その隙を逃すまいと、男はさらに圧力をかけた。

「これ以上は待てないね。時間がないんだ。いますぐ決めてくれ。そうでなけりゃ、この話はなかったことにするぞ」

夫人を急かすようにして、ポケットから書類を取り出すと、これ見よがしにテーブルに置いた。困惑したアサートン夫人が助け船を求めて周囲を見回す。私は頭を振って「ノー」という合図を送ったが、気づかなかったらしく、彼女はサインをしようと立ち上がった。契約は成立寸前のところに来ている。夫人を守らねばならない。いますぐに行動に移らねば。私は足早に駆け寄って、威圧的なバイヤーに言った。

「待ちたまえ！　このご婦人に適正価格で支払うんだ。そうでなければ、売買はご破算だ」

怒り狂った男は、罵詈雑言を浴びせかける独特の流儀で、私を攻撃し始める。

「自分の希望価格で買う、それの何がいけない？　誰がそれを阻むというんだ？」

反駁《はんばく》する男。感情ではなく内なる神の力が、雪崩のごとく押し寄せてくるのを感じたが、私は冷静に応じた。

「阻むのは神だ」

私の返答に男は大笑いする。皮肉と蔑みをあらわに侮辱し続けたが、私は落ち着いていた。

「神だって？　おめでたいこった。あんたにも神にも阻む権利はない。こっちは望んだ物を手に入れるだけだ。誰にも引き止められやしないさ」

男の傲慢さには際限がないことがわかった。心も体も完全に自分の感情に支配されている。感情を抑制できぬ多くのケースと同様、この男の理性も機能しなくなっている。彼の罵りを妨げるものはない。

またもや私の内部で神の力が拡大するのを感じた。先ほどとは比較にならない強力な力だ。ついに内的自己《インナーセルフ》が朗々と鳴り響く声音で、売買契約を巡り鉱山で起こった不正の事実を突きつけた。

「アサートン夫人。あなたは詐欺行為に遭っているのですよ。鉱山労働者たちは豊富な鉱脈を発見した。なのにこの男が自分のスパイを労働者に紛れ込ませ、監督に賄賂を渡して、口止めさせたのです」

背信行為を暴露され、監督をはじめその場に居合わせた者たちの顔が一様に青ざめた。窮地に立たされたバイヤーは、半狂乱になって叫び出した。

「嘘つきめ！　言いがかりをつける奴はこうしてやる」

手にしていたスチール杖を振り上げ、男が殴りかかってきた。私が身を防ごうと片手を上げると、手のひらから白い炎が発せられ、男の顔を直撃した。電光を受けたかのように男が床に倒れる。再び私の内なる神が、力強い厳《おごそ》かな声で語り出した。

「私が許可するまで、この部屋にいる者は誰も動いてはならぬ！」

外的自己《アウターセルフ》としての私ではなく「行動する神」が、倒れた男に歩み寄りながら話を続けた。

「この男の大いなる魂に告ぐ！　そなたはあまりに長い間支配的な自己に囚《とら》われてきた。いまこそ目醒め、心と体を支配せよ！　これまで現世で行ってきた数々の欺瞞を正すのだ。この者が築いてきた不和と不正の強力な外的創造物は、いまこの瞬間から拭い去られる。二度と他の神の子らを騙し、支配しようとはしなくなるであろう。外的自己《アウターセルフ》よ。汝の生を取り巻くものすべてに対する平和と愛、慈悲と寛容さ、善のうちに目醒めよ！」

バイヤーの顔に少しずつ生気が戻り、当惑した様子で目を開いた。「私の内なる神」は手を取って男を静かに立ち上がらせ、片腕で抱きかかえると、肘掛椅子に座らせた。

内なる神は再度命じた。

「兄弟よ、私を見るのだ」

顔を上げた彼は私の目を見つめると、全身を震撼させ、かろうじて聞き取れるぐらいの、か細い声で言った。

「自分がどれほど悪いことをしてきたか思い知らされました。もうこりごりです。神様、赦してください」

恥入ったのか、男は黙って両手で顔を覆っていた。やがて指の隙間から涙が流れ落ち、子どものように泣きじゃくり出した。

「賠償金として彼女に百万ドルを支払う」。私の内なる神が言葉を続ける。「加えて鉱山からの収益の十パーセントを上乗せする、でどうだ？　最近発見された鉱脈は、少なく見積もっても一千万ドル相当の金鉱だ」

「いますぐ手配してくれ」

連れてきた男たちに――以前のような命令口調ではなく、請うようにして――この場で書類を作り、速やかに手続きするよう依頼する。最後にアサートン夫人とバイヤーが署名をし、売買交渉は無事成立した。

手続きが終わったところで、私は室内にいる者全員を見回した。どの顔からも、人知を超えた出来事を目の当たりにして意識が上昇した様子が見て取れる。

「どうか神様、お助けを。人を騙し、信頼を裏切るような真似は、今後一切いたしません」

誰もが心底理解し、それぞれの内なる神を認識していた。

日も傾き始めていたことから、アサートン夫人は邸宅にひと晩泊まるよう全員に勧め、その代わりに翌朝、譲渡契約の書類手続きにフェニックスまでつき添ってくれと申し出た。夕食後、みんなで邸宅の大きなリビングの暖炉前に集まった。誰もが大いなる宇宙の生命の法則をもっと理解したいと心から願っていた。

どうやってこのような知識を得ることができたのか？と口々に問われ、私はこれまでの経緯を説明した。シャスタ山で初めてマスター・サン・ジェルマンと出会ったこと、その後の貴重な体験、そして大いなる宇宙の法則をマスターがどのように教えてくれたか、その時の言葉を伝えた。

「大いなる宇宙の法則は、掛け算の九九表や電気と同様、誰にでも作用する。法則の支配を知らない人間がその使い方を間違えても、法則のコントロールの仕方を知らない人間がその力を操ろうとしてもだ。

生命が顕在化する無限の領域を、永遠に司る不変の命令はみな、一つの偉大なる創造の原理――愛に基づく。愛はあらゆるものの源、中心、形ある存在が生じる核だ。

愛は調和で、愛なしに形は作り出せない。つまり愛がなければ形は存在しえなかった。愛は密着性のある宇宙の力であるゆえ、愛なしに宇宙は存在しえなかった。

科学の分野で、愛は電子を引き寄せる力と表現される。電子に形を与える知性、電子が原子核の周囲を回り続けるよう保つ力、電子を原子核から引き離す核内の呼気。この力の渦は、どの創造物にも存在する真理だ。

原子は原子核と周囲を回る電子からできているが、この原子核が原子にとっての愛だ。地球にとっての磁極、人体にとっての背骨に相当する。核あるいは中心が存在しなければ、何ものも形をとれないため、宇宙は電子が無限に満たされ、グレート・セントラル・サンの周りを回るだけの、無形の光があるだけの空間になるだろう。

電子は純粋な魂、または神の『光』だ。魂は永久に清らかで、完全な状態のままである。永遠に自己を保持し、不朽で、自ら発光し、知性を備えている。そうでなければ、愛に直接導かれる『法則』に従うわけがない。魂は不滅で永遠に純粋な、光エネルギーの知性、唯一の真実で、宇宙のあらゆるものが創られる本物の物質――神の永遠で完全なる生命のエッセンス――

である。

宇宙の星々の間には、この純粋な光のエッセンスが詰まっている。宇宙空間とは、無知で貧弱な概念しか持ち合わせぬ者たちが考えているような、暗闇でもカオスでもない。果てしなく無限に続く宇宙の光の大海は、愛に基づき、中心点あるいは核の周りを回る、電子の状態に応じて、絶えず何らかの形を導き、何らかの性質を与えている。

原子の中の電子の数は意識的な思考、そして原子核の周囲を電子が回るスピードは感情の結果、決定づけられる。原子核内の円運動の強さは神の呼吸。ゆえに神の愛が最大限に集約された活動である。科学用語では向心力と呼ばれる。これらが原子の質を決定づける要素だ。

原子とは、神の愛、神の呼気、自意識を持った知性の意志によって生み出された、生きていて、呼吸をし、考える実在《エンティティ》だ。この方法で『言葉は肉となった』のだ。自意識を持った知性が物事の顕在化に使う仕組みが、思考と感情だ。

破壊的な思考と不和の感情は、原子の中の電子の数とスピードを配列し直し、磁極内での神の呼気の長さを変えてしまう。呼気の長さは、自意識を持った知性の意志によって、決まった種類の原子に出された命令だ。意志の命令が撤回されると、電子は極性を失い、ばらばらに飛び散るが、賢明なことに再び極性を得ようと、グレート・セントラル・サンへと戻る道を探す。

電子はそこで愛だけを受ける。なぜなら神の呼気が止むことはなく、最初に下された命令――最初の法則――は永久に保たれているからだ。

科学者の中には惑星が宇宙空間内で衝突すると主張し、そのように教えてきた者もいる。しかしそんなことはありえない。それでは創造の計画全体がカオスに投げ込まれてしまう。大いなる神の法則が一部の地球人の意見に限定されないのは幸いだ。科学者や俗人たちが何を言おうと問題ではない。神の創造は永遠に前進し続け、ますます完全性を表現していくのだから。

人間の心と体の中にある建設的な思考や調和の取れた感情は、神の愛と秩序の活動だ。これらは原子内の電子の完璧な比率とスピードを保ち、原子核内の神の呼気の長さに応じ、宇宙の特定位置に適切な極性を維持する。原子核内の神の呼気の長さは、命じる者の意志によって保たれる。自意識を持った知性は肉体を用い、その中に存在する。この理屈から考えれば、人体における完全性の質や生命の維持は、常にその肉体を占有する個の意志の意識の支配下にある。個の意志が彼の神殿、つまり肉体を牛耳っていれば、たとえ事故に遭っても、意志が決めない限り神殿を捨てることはない。しばしば肉体の痛みや恐れ、不安といったものが人格に影響を及ぼし、過去に定めた決意を揺るがせることがあるが、肉体に起こることはいつでもすべて、個人の自由意志の支配下にある。

先に述べた電子についての説明を理解し、自分の思考、また感情によって自分自身の肉体の原子構造を統率するためには、無限の空間で形をもたらす唯一の原理を理解することだ。人間がこのことを自分で、あるいは自分の肉体の原子の中で証明すべく努力すれば、必然的に自身を熟知する。そうなれば、あらゆる望みを実現するため、愛を介して宇宙全体が協力するだろう。

愛の法則に忠実に従う者はみな、心に完全性を抱き、取り巻く世界は常に安定している。そのような人は自分のために、自分だけのために、自分に属するすべての権威と支配を行使する。それは、ひとえに最初に服従することを学ぶというルールに正しく従ったからだ。自身の心と体の原子構造を統率できれば、外部にあるすべての原子構造も統率できる。

人間は思考と感情によって——各人が内に持つ力を使って——高みに上昇することもできれば、下に落ちることも可能だ。それぞれが体験という名の道を自分自身で決める。意識をコントロールし、心が受け入れるものに注意を払うことで、神と対話し、神とともに歩むこともできれば、神に背き、意識を忘我状態に陥らせ、動物以下になり下がることもできる。後者の場合、当人の内にある神の炎、つまり魂は、その住まいから離れていく。

永劫の時を経て、その魂は物質界における人生の旅に再度挑戦し、自分の自由意志によって最終的な勝利を収める時まで、旅を続けるだろう」

それから私は彼らに、人間は願いを達成する無限の可能性を有していることを説明した。サン・ジェルマンが示したように、すべては個々を導く力である「大いなる神の存在」を受け入れることに尽きる。

なぜ「受け入れる」という言葉を頻繁に使うのかとバイヤーに尋ねられた私は、サン・ジェルマンが語ってくれた言葉を思い起こしながら説明した。

「外界の活動でも、誰かから素晴らしく完璧なものを提供される、もしくは購入するよう勧められているのに、君が受け入れなければ、それを利用することも、それから恩恵を得ることもできない。受け入れるとはすなわち、我々の内なる『神の存在』とともにいるということだ。我々の生命は神の生命、我々が持つあらゆる力とエネルギーは神の力とエネルギーである。それを受け入れることなく、どうやってこの世で我々は神の資質を持ち、体現していくことができるだろう？

神の子であるがゆえ、我々には自分が仕えていくべき相手の選択権がある。内的『存在』に仕えていくか、外的自己《アウターセルフ》に仕えていくか。しかしながら、外的自己《アウターセルフ》に仕えて欲望と快感を満たしたところで、衰退と破壊という結果しかもたらさない。

建設的な願いはどれも実際には内なる神であり、外的自己《アウターセルフ》を利用して喜びを得られるよう、完璧な形で顕在化しようとする。大いなる生命エネルギーは絶えず我々を通して流れているため、建設的なものの実現を目指せば、喜びと幸福をもたらしてくれる。欲の追求だけに邁進すれば、苦難しか得られない。すべては法則の作用で、非人格的な生命エネルギーであるがゆえ、情状酌量の余地はない。

外界で心を活動させる前に、自分が生命――君の内と外の世界で行動する神――であることを常に思い出すように。自己はすべての力が自分のものであると常時訴え、それは自分を存在させているエネルギーが、実は神からの授かりものであると気づく日まで続く。外的自己《アウターセルフ》は皮膚すら所有していない。肉体を形づくる原子でさえ、結局は『至高の存在』である神によって、宇宙物質の大海原から取り出された借りものにすぎない。

すべての力と権限を大いなる神の栄光の炎に委ねられるよう訓練したまえ。神の炎はこれまで君に、あらゆる善をもたらしてきた源であり、真の自己でもある」

深夜二時を回ったため、私はそろそろお開きにしようと声をかけた。みな名残惜しそうだったが、「神の腕の中で眠るといい」と促した。

翌朝七時に目覚め、全員が昨夜はあっという間に眠りにつけたことに驚いていた。予定どおりフェニックスに行き、法的手続きをした。私は役目が終わったので、これにて失礼すると暇乞いをすると、彼らは私に深謝し、もっと私から学びたいと言った。彼らとはこれからも連絡を取り合い、マスター・サン・ジェルマンの教えに則《のっと》って協力していくと約束した。別れ際、鉱山のバイヤーが言ってきた。

「人からどう思われようと構わない。私はあなたを抱擁し、心底礼を述べたい。腐った外的自己《アウターセルフ》から心を救ってくれたうえ、大いなる光の存在を教えてくれ、本当にありがとう」

それに対し私は、謙虚に深々と一礼するしかなかった。

「神のおかげで、私は媒体になったにすぎません。唯一の神は大いなる『存在』、すべての善をなす力ですから」

次いでアサートン夫人が思いを語る。

「それでも私はあなたの内なる神を称え、お礼申し上げます。今回神が私を守ってくれたこと、あなたが私たちに光をもたらしてくださったことを一生感謝して生きていきます」

「またお会いできると信じています」

一同に別れを告げ、私はシャスタ山のふもとへ戻った。ロッジに到着したのは翌晩だった。


二週間後、サン・ジェルマンとの待ち合わせ場所に行きたいという強い衝動に駆られた。早朝四時にロッジを出て、鬱蒼《うっそう》とした森の入口に午前九時に着いた。

森に足を踏み入れ、二十歩も行かないうちに我が相棒、ジャガーの哀愁に満ちた鳴き声が聞こえてきた。すぐに返事をすると、旧友との再会を喜ぶように飛び跳ねながら現れ、いつものように並んで歩き出した。

ジャガーが珍しく落ち着かないのに気づく。一緒の時は大抵冷静なだけに、妙な感じがした。美しい頭を撫でても不安げな様子は変わらない。一旦腰を下ろし昼食にする。

「さあ、行くとしようか」

昼食を済ませた私が呼びかけるが、いつになく心配そうな表情でこちらを見つめている。初めてのことに私も困惑を覚えた。

しばらく一緒に歩き、てっぺんに岩が突き出た高さ四メートル半ほどの崖に行き着いた。異様な気配にジャガーを見やると、獰猛な目になっている。緊迫した空気が流れているが、私には何なのかわからない。さらに何歩か進んだところで戦慄を覚えた。ふと見上げると、身をかがめて跳躍寸前のピューマが目に入る。次の瞬間、私に向かって飛びかかってきた。慌てて崖の方に逃げると、たったいま私が立っていた場所にピューマは着地した。そこに稲妻のごとくジャガーが襲いかかり、もつれ合いながらの死闘が始まった。

戦いのシーンは言語に絶する壮絶なものだった。吠え声が響き渡り、皮を引きちぎり合いながら互いに転げ回る。ひと回り大きいピューマのほうが優勢に見えたが、敏捷《びんしょう》な身のこなしではジャガーの方が勝っている。一瞬、相手が動きを止めた隙に、ジャガーがピューマの背に飛びかかり、耳の後ろに牙を埋め込んだ。

鋼鉄に挟まれたような強烈な一撃に、二、三秒のたうち回った挙げ句、ピューマは力つきて動かなくなった。無残にも引きちぎられた脇腹をあらわに、よろめきながらジャガーが寄ってくる。私を見上げたその目から獰猛な色は消え失せていたが、生命の灯も消え入りそうだった。安堵にも似た表情を見せると、悲しげにうめき、私の足元で死んだ。

しばらくその場にじっとしたまま、無言で相棒の死に涙した。人間の友情と同じ思いを彼に対しても抱くようになっていたからだ。はっと気づいて顔を上げると、サン・ジェルマンが傍らに立っていた。

「親愛なる兄弟、落胆することはない。君との接触で意識が急速に高まったジャガーは、この体にとどまりきれぬところまで来ていた。それで、大いなる宇宙の法則が最期に君への奉仕を求め、彼は君を救うことで愛情を示した。万事うまくいったんだよ」

親指を私の額に当ててさらに言葉を続ける。

「さあ、心を落ち着けて」

すぐに先ほどまでの悲しみが取り除かれた。

「大いなる宇宙の法則に間違いはない。与えることなく受け取ることはできず、受け取ることなく与えることはできない。生命のバランスはそうして保たれている。

鉱山での仕事ぶり、事件を前にしての君の冷静な態度を祝福したい。あの売買契約に携わった者たちはみな、今後人間たちへの強力な支援者になってくれるだろう。

まもなく君は、これまで尽くしてきた以上の役目を負うことになる。行動しているのは神の力と知性で、君の心と体はその媒介にすぎないことを常に忘れずに。来るべき体験に備えて、君を介して表現する神の無限の力を絶えず瞑想するがいい」

神の真理を部分的に外部に与える媒介者たちと、アセンデッド・マスターたちとの関係は？

そう尋ねた私への答えは次のようなものだった。

「大勢の誠実な媒介者がいる。中には他の者よりも深く理解している者もいるが、誰もが神の子であり、その時点での到達度に応じて全力を尽くして仕えている。誰のことも裁くべきではなく、すべての者を介して神の表現がなされていることを知り、理解すべきだ。我々の役目は、媒介者がどこにいようとすべての活動を祝福することだ。それらの活動を通じて内なる光が輝くさまを見る。それによってその者が外部に神の真理を与えているかどうかを見極めるので、我々が見誤ることはありえない。

これと同じことが個人にもいえる。次元上昇したイエス・キリストの名において奉仕する者は、常に通常以上の力を受け取るだろう」

しばらく山を歩くと、マスターは言った。

「ロッジまで送ろう。腕を私の肩に回したまえ」

言われるままにすると、体が地面から浮き上がるのを感じ、一瞬にしてロッジの自室に辿り着いていた。仰天する私の横に、サン・ジェルマンが微笑みながら立っている。

「一週間後にまたいつもの場所で。国内のこの地域での我々の仕事を締めくくるつもりだ」

笑顔のまま一礼し、静かに視界から消えていった。最後まで私の目に映っていたのは、微笑みかける穏やかで美しい彼の瞳だった。

それから毎日、今後の奉仕に向け「内なる偉大な神の存在」を思い、瞑想して過ごした。自分に影響を及ぼしてくるどんな外的状況にも――どんな幻影が示されようと――揺るがぬように、「その存在だけ」に意識を集中し続けることがいかに重要かを自覚していた。サン・ジェルマンとのこれまでの会話の中で、彼が外的自己《アウターセルフ》の調和を維持する大切さについて、特に強調していたことを思い起こした。

「外界での人生で、内なる力と完全性を存分に表現しようと思うなら、外的自己《アウターセルフ》の調和を保つことが肝心だ。平和、愛、落ち着きの感情を保ち続けることの重要性は、どれだけ強調してもしすぎることはない。これらが成されていれば、『内なる偉大な神の存在』は、瞬時に際限なく行動できる。

すべての人々、あらゆる物事に無条件に神の愛と平和の感情を注ぎ続ける。対象がそれにふさわしいか否かにかかわらず、注ぎ続けること。それは内なる神の驚異的な力の扉を即座に開く魔法の鍵だ。この法則を学んだ者は幸いだ。すべての愛と平和を求めて生きることになるからだ。それがなければ人類には何もよいものはなく、それがあるからすべてが完全だ。調和は基調であり生命の偉大なる法則だ。その中でこそ完璧な表現がなされ、それがなければ、すべての形あるものは分散し、宇宙の光の大海原に戻っていく」

一週間のほとんどを瞑想に費やした。自分の内面にこの上ない平和を感じ、六日目には意識が波一つない穏やかな大海のようになっていた。

七日目の朝四時にロッジを出て、待ち合わせ場所に到着したのが十時半。多大な幸福感に満たされながら丸太に腰掛けて待つことにした。この数日間の瞑想の結果であることはわかっていた。私はかなり深く自分の神を見つめていたのだろう。声をかけられるまで、誰かが近づいてくるのにも気づかなかった。

顔を上げた私の前に、白髪、白いあごひげの老人が立っていた。最初は老練の山師かと思ったが、それにしてはあまりに小ぎれいな身なりだ。歩み寄ってきて手を差し出した。その仕草からして山師ではないと確信した。互いに挨拶を交わし、取り留めのない会話を始める。ひと息入れたところで、老紳士が言ってきた。

「わしの身の上話を聞いてはくれんかね。あまり時間は取らせんから。長いこと誰にも話さずにきたが、ここで一度してみたいと思ってな」

その時、私はこの老人に強い関心を抱いていた。どうも彼が喉が渇いていそうな気がして、そばにある湧き水を汲んできてあげようと、私はコップに手を伸ばした。すると、その手に、これまで何度もサン・ジェルマンが手渡してきた水晶のグラスが握られているではないか。目を輝かせた老人は興奮して、ほとんど叫びに近い声を上げた。

「あなたか！　あなただったのか！」

自分でもどうしていいのかわからなかったが、ひとまず老人に水を飲むようにと勧める。グラスの中は、前にサン・ジェルマンが飲ませてくれたのと同じ、透明の泡立つ液体で満たされている。老紳士はグラスを摑み、深く感謝した様子で中身を飲み干した。すぐに落ち着きを取り戻したので、私はぜひ話を聞かせてほしいと頼んだ。

「父親がイギリスの役人だった関係で、わしはインド・パンジャブ地方で育った。わしが十六歳の頃、父は南アフリカに行ってダイヤモンド鉱山でひと旗挙げたいという、友人の費用を全額負担した。しかし、その後、彼の消息を知ることはなかった。

わしが二十歳になった時、すらりと背が高く風采のよい、見るからに賢そうな外国人紳士が父親を訪ね自宅にやってきた。友人からのメッセージを携えてきたという。

『ご友人からの伝言を持って参りました。あなたが四年前に出資した相手です。その後、彼は鉱山で大成功を収め、大富豪となりました。つい最近、鉱山で亡くなったのですが、親族がいないことから、遺産をあなたに託しました。あなたが死亡した場合には息子さんが相続することになっています。同意していただければ、手続きは私が一切責任を持って処理し、ただちに遺産の相続がなされるよう計らいます』

申し出に父親は快諾した。

『それは願ってもないことです。私は政府に派遣されている身で、インドを離れることができませんもので』

合意がなされ、ひととおりの手続きが終了すると、そばに立ってやり取りを聞いていたわしに、外国人紳士が声をかけてきた。

『いつか、光り輝く水晶のグラスを泡立つ液体で満たし、君に差し出す人物が現れたら、君の体を上昇させるのに協力してくれる者だと覚えておいてほしい。北アメリカの雄大な山で会えるとだけ告げておこう。あまりに突拍子もなく漠然とした話に思えるだろうが、いま教えられるのはそこまでだ』

ひと月後、政府絡みの仕事で地方に出向いた父親は銃弾を受け、自宅に搬送される途中で死んだ。一人息子だったわしはその一カ月後、母親とイギリスへ帰国の準備を始めた。出発の直前に、あの外国人紳士がやってきて、父親の遺産相続の手続きが済んだと告げた。事情を知らぬと思われる紳士に、父親が死んだことを伝えると、彼はこう言った。

『二か月前にここへ来た際、次にお会いする前に、お父上がお亡くなりになることはわかっていた。遺産はすべて君の名義でイングランド銀行に移したので、いつでも受け取れる。帰国の経費と、銀行で必要になる譲渡関連の書類、証明書も用意したので、お渡ししよう。それらを提出すれば、君は財産を受け取れる。ほとんどは一級品のダイヤモンドだ』

わしは紳士に礼を述べ、謝礼をしたいと申し出たが、固辞された。

『君のご厚意は非常にありがたいが、今回の件はすべて清算済みだと考えてもらいたい。蒸気船の見送りに、ボンベイまで同行しよう』

ボンベイまでの道中、紳士は偉大な知恵を示してくれた。彼の前では自分が赤子に思えたほどだ。その時彼が放った光が、わしをずっと包んでくれていたのだといまではわかるがね。乗船手続きを無事に済ませ、別れ際、彼に言われた。

『水晶グラスのことを忘れずに。探せばきっと見つかるだろう』

快適な船旅のあとサウサンプトンに到着し、そのままロンドンへ直行してイングランド銀行に出向いた。書類を見せると、職員がすぐに応対してくれてな。

『お待ちしておりました。こちらがあなたの銀行口座と小切手帳です』

預金残高を見て目を疑ったよ。わしの名義で十万ポンドが入っていたのだから。帰国から五年後に母親が他界し、財産の半分をニューヨークの銀行に移して、わしは水晶グラスの人物を探す旅を始めた。その間、どれだけ苦汁や失望、試練を味わったことか。それでもめげずに諦めなかった。ただ奇妙なことに、外見は老いたが、力やエネルギーは増すばかりでな。若かった頃よりもはるかに強くなっていると思うこともある。

今年で七十歳になる。わしはただこの道のりだけを歩み続けたいと願って生きてきた。今日ここでようやくあなたに巡り会えたことを、神に感謝したい。それぐらい、わしの願いは強かったということだ」

話を聞き終え、「でも、この私があなたに何をしてあげられると……？」と尋ねる私に、老人はこう答えた。

「それは、あなたの方がわかっているだろう。私が間違えていないのは確信しておる。この雄大な山の内には偉大な力が宿っているのを感じるからな。自分がすべきことを神に訊いてみるといい」

にわかに内から大いなる神の力が押し寄せてくるのを感じた。あまりの強さに地面から浮かび上がるような感じがする。かつてサン・ジェルマンから教えられたように、片手を上げて、光の神を呼んでみる。

「人間と宇宙に遍在する大いなる神よ！　私たちはあなたの光を、叡智を、力を求めます！　どうかこの兄弟のためにあなたのご意志を示してください。彼は私を探し求め、見いだしましたが、私には彼のために何をなすべきかわかりません。一番ご存じなのはあなたです！　あなたの子であるこの兄弟が前進できるよう、ご意志を示し、私の心と体を通じて何なりと行ってください」

活気を与える光の液体で満たされた水晶グラスが、再び私の手に現れた。私はそれを老人に手渡す。すると私の中の大いなる存在が再び口を開いた。

「恐れずに飲むがよい。そなたの探求は終わった」

彼はためらうことなく飲み干した。私は急いで歩み寄り、彼の両手を取る。ゆっくりと、だが着実に彼の顔に刻まれていた老いの痕跡が薄れていった。私の内なる神がさらに言葉を続ける。

「見よ！　そなたは地上のあらゆる限界から永久に解放された。いまこそ昇ってゆくがよい。そなたを待ち受ける偉大な光の軍団のもとへ」

彼の体が少しずつ上昇し始めた。それに呼応するように衣服が消え、光輝く白い衣に包まれていく。私は摑んでいた両手を放した。慈愛に満ちた穏やかな声で彼が告げる。

「兄弟よ、また会おう。神のご意志がこの卓越した奉仕に報いてくれることを心から願う。わしにこの奉仕ができるのはあなたしかいなかった。いつの日かその理由がわかるだろう」

幸せに満ちた笑顔を浮かべながら、光輝く道へと消えていった。

内なる神の力が遠ざかっていく。呆然とした私はひざまずき、このような奉仕の特権を与えてくれたことに感謝し、かつてないほどの謙虚な思いで神を称え、深い祈りを捧げた。


「でかしたぞ、兄弟！」

立ち上がった私を、マスター・サン・ジェルマンが両腕を大きく広げて抱擁する。

「私にとっても最高の喜びだ。内なる神への忠実かつ高潔な態度といい、行動する神の見事な受け入れ方といい、申し分ない働きだった。心から君を祝福しよう。君には実感がないかもしれないが、我々は常に両腕で君を支え、見守っている。これまでも、そしてこれからも。

君はいま、大いなる白色同胞団《グレート・ホワイト・ブラザーフッド》とアセンデッド・マスター集団にふさわしい使者となった。

内なる神と緊密に結びつき、どこにいようと何が要求されようと、奉仕できるよう準備をしておいてくれ。次に会う日まで、私の愛が君を包んでいる。絶えず君を見守っているよ」

ゆっくりとした足取りで、私はロッジを目指して歩き出した。その一歩一歩が私たちを永遠の完全性へと導く、偉大な一なる神への感謝と称賛だった。

9章　金星からの訪問者

何週間も過ぎた末、ついに一九三〇年十二月三十一日の朝を迎えた。私のもとにやってきたサン・ジェルマンが告げる。

「今晩七時に迎えに来るので、用意しておいてくれ。できる限り自分の意識を内なる神の栄光へと集中させるように。このまたとない機会に、神の恩恵を存分に受け取るためだ。君たち三人、君とツイン・レイである妻と息子は、ロイヤル・ティトン同胞団が催す新年の集いの名誉招待客だということを忘れずに」

昼間はずっと深い瞑想に費やした。午後七時にサン・ジェルマンが来たので、肉体をベッドに置き、彼が用意してくれた体に移る。

「今夜は七万年以上試みられなかった実験が行われる予定だ。準備は万端で、今回は成功すると我々も信じている。急ごう」

私自身に実感はなかったが、かなりの速さで移動したのだと思う。気づいた時にはロイヤル・ティトンの頂上に立っていた。月明かりの下、雪に覆われた頂は無数のダイヤモンドのようにきらめいている。エレベーターの入口に近づくにつれ、少なくとも半径三十メートルの範囲が、いつも以上に明るくなっているのに気がついた。エレベーター内は快適な暖かさに保たれていた。新年を祝いに来る者たちのために開け放たれたままの扉をくぐる。

サン・ジェルマンと私は大広間に入った。妻ロータスと息子ドナルドも、アメン・ベイに伴われて到着していた。この時の家族の喜びは大きいものだった。何しろこの二年間、物質界では一度も一緒に過ごしていなかったのだ。その間はそれぞれ肉体を脱け出た状態で活動し、内面レベルでの媒介者として、さまざまな求めに応じて奉仕していた。

大広間は明るい光に満ち、バラとハスの花の香りが室内いっぱいに漂っていた。至る所から心地よい音楽が流れてくる。次から次へと人が到着するが、だいぶ揃ったようだ。

部屋の中央には金色の布で覆われた巨大な物が置かれている。取り立てて説明はなかったので、私たち三人は余計なことは尋ねなかった。サン・ジェルマンが私たちを招待客たちに紹介しながら、一風変わった楽器が置かれた部屋に案内してくれた。以前目にした大型のパイプオルガンが一台と、金の支柱を備え、真珠のような材質でできたハープが四台。クラウンと響板は白色メタルで、高音には銀、低音には金の弦がそれぞれ張られている。本体の材質からか、金属と木の音、人間の声を組み合わせたような一種独特の音がする。西洋の音楽界で使用されている楽器とは、まったく異なる音質であるのは確かだ。むしろインドで使われているエスラジという楽器の音に近いかもしれない。

他にも、これもおそらく真珠のような材質と思われるヴァイオリンが四台置いてある。木製のものとは比較にならないほど共鳴する。やはり金と銀の弦が張られ、言葉では説明できないほどの美しい音が出る。私たちはこの夜更けに、これらの楽器が演奏されるのを、実際に聴くことになる。

大広間に戻ったところで、サン・ジェルマンは以前メキシコ・オアハカ州のミトラ神殿から運んできた美しい肖像画についてロータスとドナルドに説明し、保管室にも案内して、以前私に見せてくれた記録文書を二人にも見せた。

新年の集いの準備をしていたからだろう。ロイヤル・ティトンのメンバーたちはみな、簡素な作業着姿だ。上質の金のローブで、左胸には同胞団の記章を刺繍したビロード状のワッペンがついている。色は大広間の巨大パネル、宇宙の鏡と同じインディゴブルーだ。

男性七十名、女性三十五名と静修地《リトリート》を統括し、祝福するマスター・ラント。この支部に所属するメンバーが全員揃ったところで、ラントが一歩前に出て語り始めた。

「現在午後十一時になる。我々の瞑想の時間だ。前半三十分は各々一なる神を感じながら大いなる光を崇拝し、後半三十分は金星と我が地球の一体感を覚える。それではみなの者、それぞれの定位置に着き、広間中央に楕円を作るとしよう」

一時間の間、金衣に身を包んだ百六名は呼吸を合わせ、完全に一つになったようだった。瞑想の終了と同時に、広間は明るい音楽に包まれた。ラントが宇宙の鏡の前に立つ。

彼が両手を広げると、すさまじい光の炎が炸裂し、目もくらむほど美しく輝く紫、ピンク、金色の光に包まれた一団が彼方からやってくるのが見えた。彼らが近づくにつれて大広間も同じ栄光の色に染まり、居合わせた者全員に高揚感とパワーがみなぎってくる。

やがて白くきらめくローブに身を包んだ金星からの招待客十二名が中央に姿を現した。人知を超えた力に溢れている。男性七名、女性五名、いずれも見事な美しさだ。

男性七名のうち六名は少なくとも身長百九十センチ、もう一人は優に二メートルはあり、女性もみな百七十五センチ以上はある。背の高いマスターだけが澄んだ金髪で、他の者は明るい栗色の髪。きらきらと輝く、貫くような青紫色の瞳が実に魅力的で美しい。

背の高いマスターは同胞団のメンバーに、右手を心臓と額に当ててアラブ風の挨拶をすると、恭《うやうや》しくラントに一礼する。他の者たちも順番に前に出て挨拶をした。次いでラントが一同に彼らを紹介し、歓迎の言葉を述べたが、公表を認められたのは次の部分だけである。

「一なる至高の神の『存在』と、ここに集う大いなる白色同胞団《グレート・ホワイト・ブラザーフッド》の名において、金星からの十二名の招待客をロイヤル・ティトン同胞団の一員として迎える」

背の高いマスターは、今夜の会合でホスト役に任命された。快く引き受けた彼は、広間中央へと歩み寄り、置かれていた巨大な物を覆っていた金色の布を取り去った。

何と、目の前に現れたのは、あの三つの水晶の棺ではないか。ロータス、ドナルド、私の肉体が入ったまま。三人とも完璧な健康状態で、たったいま眠りについたかの様子だ。ホストマスターが私たちを見て尋ねてきた。

「準備はいいかな?」

三人ともうなずいたのを確認し、指示を出す。

「それでは、自分の棺の横に立ってくれ」

それぞれが位置に着く。すぐさま光の放射が始まり、横たわる肉体と私たち三人の周りを囲んだ。急速に光の強度が増していき、おそらく外からは見えない状態だったのではないだろうか。やがて放射の勢いが弱まると、棺は空になっていた。はるか昔に脱ぎ捨て、何世紀にもわたって生命の炎で純粋なまま維持されてきた体を、再び身にまとった私たちがそこにいた。

肉体の変容は驚くべき体験だった。当事者の私たちが表現できないほどだから、読者にはさらに想像できないことだと思う。しかしながら、不思議なことは私たちの身の回りのどこにでも存在すること、それぞれの人生体験には無限の可能性があることを、ほとんどの人は知らない。愛に満ちた生き方をし、自分の中の神性を認識していくにしたがい、創造の至る所にある不思議さが、個々の暮らしの中で次から次へと明らかになってくる。

試みは成功した。私たち三人は集まった兄弟姉妹たちにもみくちゃにされながら、偉業を達成したホストマスターとともに祝福された。異例の実験が大いなる事実と化したことを心から喜び、私たちの体が金星からの客人たちと同じに見えると言ってくれる人もいた。

水晶の棺が片づけられ、替わりに楽器一式が運び込まれる。大きめのパイプオルガンの前に座ったサン・ジェルマンが演奏し始めた。彼が作曲した『未来の心』という小曲だ。繊細で優美な旋律ながらも力強さを感じさせ、地上のオルガンでは耳にできぬ種類の音楽だった。彼が奏でる音と溶け合うかのようにして、大広間内には色とりどりの光がよぎる。

二曲目に入る。オルガンのサン・ジェルマンに加え、金星からの女性マスター三名とロータスが四台のハープを、金星の男性マスター二名と私とドナルドがヴァイオリンという編成で演奏を始めるところだ。全員が楽器を構え、サン・ジェルマンが序奏を弾き出すと、オルガン上に『恍惚の魂』の文字が浮かび上がる。演奏者だけでなく聴き入る者もみな、至高の音楽に心から浸った。究極の音色、力強さが醸し出す多大な美と栄光は、全人類と地球さえも上昇させ、永遠の完全性へと導くに十分な神の意識をもたらしたことだろう。

引き続き四曲演奏された。精神の高揚と調和をもたらす力を有する音楽は、私たちのいまいる山全体が宙に浮いたかのような錯覚を抱かせた。演奏が終わると、楽器は元の部屋に片づけられた。

ホストマスターが宇宙の鏡の前に全員座るよう指示する。彼が席に着くと同時に、画面には美しい金星の風景が映し出された。映像自体に説明はなく、マスターが一つひとつに解説を加える。

金星での教育システムが紹介される。次いで天文学で使われる器械、金星や地球の内部の地層を調査する器具一式など、現在の地球の科学から見れば驚異に映るものばかりだ。引き続き、こちらの想像をはるかに超える数々の発明とその考案者が映し出される。

「これらの発明品の多くは、現在の我が金星のように、地球が『黄金の水晶時代』に突入した際に使用されることになる」

主だった発明品については詳しい解説がなされた。これらのものを実際に人間が目にできたら、未来へ大きな希望を抱くに違いない。この金星からの映像の内容については、許可が得られれば別の著作でぜひ紹介したい。

金星の映像が終わり、地球の映像へと映る。今後七十年間に起こる激変の様子が映し出される。それらの変化はヨーロッパ、アジア、インド、北米、南米に多大な影響を及ぼすことになる。しかし現在目にしている、カオスをもたらし、世界中を崩壊させようとする悪の力は、完全に打ち砕かれるであろうことも我々には明らかにされた。それが実現されたときには、多くの人類がそれぞれの心に宿る「大いなる神の存在」に回帰し、宇宙を統《す》べることになる。「地球上に平和が訪れ、人間同士が互いに善意を向け合うようになる」。この啓示は実に素晴らしいものだ。最後の映像は次の世紀に、アメリカが主に直面する出来事だった。そこで成される進歩と発展には目覚ましいものがある。

新年の晩に神の永遠の記録から明かされた内容は、偉大なる神の法則に間違いがないことを考えれば、どれも真実だと思う。

他にも、今後目醒めてアセンデッド・マスター集団に加わり、協力することになる者たちの姿も何人か映し出された。そこでホストマスターが、神聖なるクマラについて触れ、彼らへの愛と感謝に満ちた声で説明をした。

「しばしば霊的な学習者たちに『金星から飛来した炎の神々』と呼ばれる七名のクマラ。彼らは、自由意志と愛に基づき、この太陽系で地球の子らを守り、向上、発展を支援する決意をした者たちだ。地球の発展に最も重要な時期にやってきて、先駆的な助力をした。当時地球は、惑星や人類の生命にとって一番危険なイニシエーションの時を迎えていたが、彼らの庇護と導きによって、目的は果たされ、人類は高度な文明を実現するに至った。

多くの兄弟たちは、クマラたちが二万五千年ごとに多大な宇宙の愛、叡智、エネルギーを降り注ぐ事実をご存じだろう。この地球と人間の内部にまで注がれる光の輝きの放射は、とてつもない上昇の作用で、地球と人類それぞれの意識を成長させる推進力を与える。

一斉放射は時として人間たちに、尋常でない動揺や不安として知覚される。その種の動揺や不安は、過去に蓄積された不和によってもたらされる。人間が生命の源から遠ざかったから不和が生じ、人間が外界に不和をまき散らしたから地球や大気が汚染されたのだ。

それらを浄化し、人間を本来の生命の純粋さに立ち返らせるために、しばしば天変地異が生じる。浄化の時期が過ぎると、クマラは地球の子らを照らし、強固にする巨大な光を降り注ぐ。そうしてさらなる上の段階へと導くのだ。

いま我らは、そのような時代の一つを前にしている。今回は宇宙の愛、叡智、エネルギー――大いなる光の光線――によって、人間の意識だけでなく、地球の原子構造までも急激に上昇させるため、この太陽系内で地球がさらなる輝きを得ることになる。

『偉大なる炎の神々』が地球を訪れて以来、これほどの光の放射がなされたことはない。その意味では、次が最大規模といえる。過去世で硬化してしまったように見える多くの者が目を醒ます。いうなれば、一夜にして覚醒し、各自の心に宿る大いなる神の『存在』を身近に感じるだろう。従順かつ謙虚な者たち、常に『内なる存在』を身近に感じてきた者たちは、突然内から外へ輝き出し、自らが放つ変容の光に驚くようになるだろう。すべては神の愛の力によってなされ、人間は神の創造物の一部が別の創造物と争うことは愚の骨頂であることに気づき始める。

無意識に自分自身ではなく、他者の幸福を願う。その思いが人間の心に根づくことで、他の者たちの完全性への道も照らす。

この惑星の子らに隷属と苦難を強い、地上に不幸が蔓延する状態を作ったのは、人間のエゴイズムだ。しかしキリストの光が一人ひとりの心に愛を拡大させれば、エゴイズムは逃げ出し、忘却の海へと戻るであろう。

今後、大規模な自然の物理的大変革が起こり、二つの大きな光の中心地が人類に祝福を降り注ぐことになる。一つはシャンバラ（訳注：チベットに伝わる伝説上の仏教王国）の栄光の輝ける存在、もう一つはこのアメリカに出現するが、予想される場所からはほど遠く、まだ外界には示されていない地点だ。

大いなるアセンデッド・マスター集団が現在、地球の子らに対して行っている支援活動と光の集中放射によって、何百人もの人々の肉体の振動数が高まっていくことになる。これが成就されると、人間の肉体的な限界や不和は擦り切れた衣服のごとく消滅し、光の子らは永劫の命の炎と一体化し、目に見え、触れられる現実として、永遠の若さと美しさという完全性を得られるのだ。

愛する地球の子らよ。あなた方は今、新たな時代の戸口に立っている。扉は常に、我らを光の側へと導く偉大な愛の存在によって開け放たれている。外界の活動が何であれ、光の中を光とともに歩むことが肝心だ。その道はかつて光のマスターたちが歩いたものであり、彼らマスターがいつでも傍らにいて、真の道へと導いていることに気づくであろう。

周期が変わり、より確実、強力、迅速な新たな分配の時期に入ったことで、到達への道を昇った者は、偉大な宇宙の光と恒常的につながることができる。

この新秩序において新規参入者は、体の上位にある三つのチャクラに意識を完全に集中させ、すべての学習をこの三点で行うことになる。つまり心臓・喉・頭頂のチャクラだけに、意識的に思考を向け、注意を払うのだ。

志願者《アスピラント》の努力はこの三点に向けられるべきだ。下位のチャクラへの囚《とら》われがなくなることによってのみ、人間は自らの限界や不幸を超越することができる。頭頂のクラウン・チャクラは人体における最高の焦点であり、大いなる創造の源に端を発する白い光の液体、シルバー・コードが入る場所だ。

精神が完全にその箇所に向けられていれば、魂の扉が開き、純粋な白い光の三重の活動は、太陽神経叢のちょうど真下にある腰の部分を取り囲み、人間の動物的性質がもたらす破壊的な活動を永久に封じる。そうすることで、当人の魂は完璧な神の活動へと跳躍し、神の源の完全性と再び一つになる。その後は、人間のあらゆる創造物、すなわち地球上の不和を永久に支配するに至るのだ。

誠実な学習者は、黄金の光が完全に作用する様子を脳裏に描き、頻繁に瞑想すべきだ。この光が外的意識《アウターマインド》を照らし、すべての善を示してくれる。この光こそが、内なる神の光だ。自分の意識、体、取り巻く世界全体が、この光に満たされる様を実感するべきである。これは『この世にやってくる一人ひとりの人間を照らす光』であり、この光をわずかでも内面に宿さぬ人間はいない。

地球上の至る所に、この内なる光を感じ、目醒め始めた者がいる。彼らを介して内なる光は周囲にも注がれ、次第に顕在化してきている。彼らが断固として自分の内なる神に意識を向け、調和を保ちながら、そこから放射される光を受け入れ、その完全なる作用を思い描けば、自分自身を白い光の三重の活動で包み込むことができる。そうすれば、外界の不和な創造物からは切り離される。

愛する兄弟姉妹よ。毎年一月と七月にこのロイヤル・ティトンの静修地《リトリート》で、あなた方と一緒に過ごせるのは、我らにとって大きな喜びだ。なぜなら、近々アメリカ大陸全土が、神の無限の光で満たされるからだ。

水晶の棺が運ばれてくるまでの間、金星と地球の合一と、活動し続ける遍在する神に意識を向け、瞑想しよう」

ホストマスターの指示で、静寂の中で十分間ほどの瞑想に入る。それから私たち三人は、再び並べられた棺の横に立つよう命じられた。彼は片手を心臓と額に当てる仕草をしたあと、胸元で両手を組んで「神の存在」を呼び起こす。

「広大な宇宙を統べる偉大なる神よ、遍在する一なる神よ、我らはあなたの慈悲深い存在の具現化を望みます」

柔らかなバラ色の光輝くエッセンスが、私たちと棺を包み込み、寄り添ってきた。そこに突如眩しい一条の白光が入り込み、三、四分ほどとどまり、やがて視界から薄れていった。

棺を見ると、元どおりに三人の体が横たわっている。互いを見やると、このロイヤル・ティトンの集会に参加するため、サン・ジェルマンが用意してくれた体に戻っていた。

ホストマスターがロイヤル・ティトン同胞団と全人類を祝福し、七月の再会を誓った。

金星からの十二人の招待客が、大広間の中央に集まり、円陣を組む。

彼らが引き寄せた大いなる神の力とともに山全体が震動した。次いで彼らの発する光が、紫の体と黄金の頭と足を持つ巨大なワシを形づくる。室内全体が白熱する光で満たされ、光輝くエッセンスの大いなる道が敷かれると、十二人はそこを通って金星へと帰っていった。

目の前で展開したそれらの光景は、まさに言語を絶する至上の極みだった。振動が次第に弱まっていくと、見事な水晶の輝きが宇宙の鏡を照らし、「地球と全人類に平和と光明がもたらされますように。金星から祝福を込めて」との言葉が表面に映し出された。

地球側の参加者たちは片手を心臓、額へと当て、胸元で両手を組んでお辞儀をすると、光の反射を受けとめた。

それから全員マスター・ラントの前に並び、一人ひとり一九三一年の任務を指示される。その後、みんなで円陣を組み、沈黙の中で偉大なる光を称えた。

瞑想が終了した瞬間、大広間一帯に調和に満ちた音楽が流れてきた。誰もが頭を垂れて美しく朗々とした声で祝福するラントの言葉に聞き入る。

「神以外に至高の存在はない。キリスト以外に永遠と真理はなく、光以外に真実はない。これら三つは『一なるもの』だ。その他はどれも闇にすぎぬ。覚えておくがよい。覆い隠し、人間を惑わし、つまずかせるのは闇である。

光の道を歩む者はキリストに忠実な人間で、常に神の方を向いて神の世界に生きている。逆巻く旋風の中心にいるため、闇には手出しできない。神はその光を闇に食らわせ、忘却の大海へと葬り去る。

すべての源、偉大な唯一神を称える以上の幸福はない。キリスト以上に不変のものはなく、広大な宇宙に光の道以上の道はない。

君たちが生命を完全に理解し、君たちの源である神だけを敬い、キリストに忠実で、光を運ぶなら、『生命を愛し、祝福する』義務を名誉の掟として受け入れることになる。生命があるところ、その表れ方にかかわらずだ。これが存在たるものの永遠の計画である。これを熟知した者は宇宙のいかなる場所にも向かうことができ、宇宙のいかなるものをも探求できる。生命の源を忘れた人間が創り出した、いかなる闇にもさらされることはない。

神だけが偉大であり、すべての栄光は神の偉大さに宿っている。その源だけを理解し、それ以外のものを拒む者こそ真の賢者だ。永遠の幸福と化し、どこへも移動できるマスターとなったからだ。

この状態に至った時初めて、人は世界の創造主になり、神の計画の中で活動しながら、自らの幸福を人々に与えられる。

ロイヤル・ティトン同胞団のメンバーたちよ！　強情な地球の子らに神の計画を示すがよい。彼らが創り出した闇に光を注ぎ、我々の超絶的な源、グレート・セントラル・サンへの道のりを照らすのだ。私の光は君たちを包み、私の力は君たちを支え、私の愛は君たちを通じて、

『光』の中に故郷を求める者たちに吹き込まれる。

どうか愛すべき人類が、この偉大なる光に照らされ、癒され、神の愛で祝福され、『一なる至高の光』の懐に永遠に抱かれますように。

どうかアメリカが神に祝福され、闇なき永遠の光に、いますぐ包み込まれますように」

訳者あとがき

本書はGodfré Ray King『Unveiled Misteries』(SaintGermain Press)の全訳である。

後にアセンデッド・マスター・ゴッドフリーとなる人物、ガイ・ウォーレン・バラードが、一九三四年に「ゴッドフリー・レイ・キング」のペンネームで発表した初の作品だ。ゴッドフリーの自叙伝である本作品は、生身の人間の姿で現れたサン・ジェルマンから直接教えを受けた、貴重な証言記録だ。著者が本文中でも述べているように、一九三〇年にカリフォルニア州のシャスタ山でサン・ジェルマンと出会って以来の出来事が綴られている。

十八世紀にフランス社交界に出現したサン・ジェルマン伯爵。「驚異の男」の異名をとり、錬金術の奥儀を極めたとされる彼については、さまざまな逸話が残されている。現在も地球の進化、人々の精神の向上に取り組み続けるマスター・サン・ジェルマンは、古くは聖母マリアの夫ヨセフ、ユダヤの預言者サムエル、イングランド初の殉教者である聖アルバヌス、ギリシアの哲学者プロクルス、英国の哲学者であり科学者のロジャー・ベーコン、同じく英国の哲学者フランシス・ベーコンなどに転生したとされ、後にトランシルバニアのラーコーツィ王子、最終的にサン・ジェルマン伯爵に至る。

本書では、一九三〇年代から四〇年代にかけてもたらされた、サン・ジェルマンの「アイ・アム（I・AM）の教え」の輪郭が、著者ゴッドフリーを通して語られる。全篇にわたってサン・ジェルマン自身の言葉で教えが解かれている点が、何よりもこの本の魅力だと思われる。

鉱山技師だったゴッドフリー・レイ・キングは、サン・ジェルマンと出会ったあと、マスター本人からの許可を得て、彼の教えを普及させる活動を始めた。妻ロータス（本名：エドナ）とともにサン・ジェルマン財団を創設し、「サン・ジェルマン・シリーズ全二十巻」をサン・ジェルマン・プレスから出版している。レイ・キング夫妻が中心となって「アイ・アム」運動が開始され、マスターへの道のりを指導する先駆的な試みがなされた。ちなみに「アセンデッド・マスター」という語句を初めて使用したのも彼らだという。

一九三九年にゴッドフリーが、一九七一年には妻のロータスがそれぞれアセンションを遂げている。ゴッドフリーはハンガリーのカルパティア山脈上のエーテル界にある静修地《リトリート》を担当しているとのことだ。

過去にゴッドフリーはジョージ・ワシントンに、サン・ジェルマンはコロンブスに転生しているという話だが、アメリカ大陸の発見者とアメリカ合衆国の初代大統領が、大陸全土の人々の意識変革のために協力していたとなれば、興味深い話である。

全二十巻のサン・ジェルマン・シリーズは、そのほとんどが教えを託されたゴッドフリーによって書かれたものだが、第一巻にあたる本書『明かされた秘密』と第二巻の『マジック・プレゼンス』の二冊は、彼の体験記という体裁が取られ、比較的読みやすい。

『マジック・プレゼンス』は『明かされた秘密』の続編で、前作で示された教えの実践編ともいえる。神の子、すなわち自由意志を持つ人間だけが、神のように創造の言葉「アイ・アム」を口にし、宇宙に命じることができる、内なる神、「大いなる存在アイ・アム」の自覚、アセンションが中心テーマだ。アメリカ西部に鉱山や牧場を所有するレイボーン家とゴッドフリーの出会いに始まり、彼らサン・ジェルマンの教えを受けた者たちが、大いなる白色同胞団《グレート・ホワイト・ブラザーフッド》のメンバーであるマスターたちとアメリカ、ヨーロッパ、アラビア半島、インドを舞台にどのような活動をし、修業を積んでいくのか、その様子が著者の目を通して語られ、外界に散らばる使者たちを通じて、地球と人類の平和のために奮闘するマスターたちの姿が描かれる。

どちらも一九三〇年代に書かれた、いわばスピリチュアルの古典的作品だが、それだけに価値があるともいえる。内容は現在でも十分通用するもので、一向に古さを感じさせず、かえって新鮮に映るのではないだろうか。

末筆となったが、本書の刊行にあたっては、ナチュラルスピリット社長の今井博央希氏と、編集事務の諏訪しげさん、編集者の澤田美希さんをはじめ、装丁、組版、印刷など、さまざまな過程で多くの方々のお力添えをいただいた。ここに深く謝意を表したい。

八重樫克彦・由貴子

プロフィール

著者

ゴッドフリー・レイ・キング　Godfré Ray King

1878年アメリカ・カンザス州生まれ。本名ガイ・ウォーレン・バラード。

第一次世界大戦時に出征した後、鉱山技師として活躍。

1930年にサン・ジェルマンと出会い、その後サン・ジェルマン財団を創設し、出版や講演なども含め、「アイ・アム」運動の普及に努めた。1939年没。

サン・ジェルマン財団ホームページ
http://www.saintgermainfoundation.org/

訳者

八重樫克彦　やえがし・かつひこ

1968年岩手県生まれ。ラテン音楽との出会いをきっかけに、長年、中南米・スペインで暮らす。現在は翻訳業に従事。

訳書に、『パウロ・コエーリョ：巡礼者の告白』（新評論）、『教皇フランシスコとの対話』（新教出版社）、『天と地の上で：教皇とラビの対話』（ミルトス）、『誕生日』（作品社）など多数。

八重樫由貴子　やえがし・ゆきこ

1967年奈良県生まれ。横浜国立大学教育学部卒。

12年間の教員生活を経て、夫・克彦ともに翻訳業に従事。

明かされた秘密

●

2015年6月15日　初版発行
2020年2月6日　第2刷発行

著者／ゴッドフリー・レイ・キング

訳者／八重樫克彦・由貴子

編集／澤田美希

発行者／今井博揮

発行所／株式会社ナチュラルスピリット

〒101-0051　東京都千代田区神田神保町3-2　高橋ビル2階
TEL 03-6450-5938 FAX 03-6450-5978
E-mail：info@naturalspirit.co.jp
ホームページ https://www.naturalspirit.co.jp/

印刷所／シナノ印刷株式会社

ISBN978-4-86451-167-4　C0014

●新しい時代の意識をひらく、ナチュラルスピリットの本

神性を生きる
ジェフリー・ホップ、リンダ・ホップ著
林 眞弓 訳
チャネラー、ジェフリー・ホップとリンダ・ホップが伝えるアセンデッド・マスター、セント・ジャーメインからのメッセージ。非二元の目覚めについてわかりやく述べてます。
定価 本体二一〇〇円＋税

創造の12光線
自己をマスターする鍵
ジャネット・ハウザー著
大内博 訳
アーキ・エンジェル・マイケルのロナ・ハーマン氏推薦！ 持って生まれた固有の光線パターンを学ぶことで自己を深く知り、日常に活用できる効果的な方法まで掲載。
定価 本体二一〇〇円＋税

アセンションするDNA
光の12存在からのメッセージ
ヴァージニア・エッセン 編著
冬月 晶 訳
いま、よみがえる細胞の記憶！ 人類の遺伝子に埋め込まれたプログラムを解き明かし、「永遠の存在」の謎に迫る。
定価 本体二五〇〇円＋税

アセンション・ハンドブック
セラピスからのメッセージ
トニー・スタッブス著
冬月 晶 訳
アセンションとは何か？ また、その方法とは？ かつてないほど明確にわかりやすくアセンションを語った、ライトワーカー必携の一冊。
定価 本体二一〇〇円＋税

完全アセンション・マニュアル［上／下］
ジョシュア・D・ストーン著
紫上はとる 訳
アセンション研究の集大成！ わかりやすく実践的で役に立つ情報とテクニックを満載。定価 本体［上巻二四〇〇円／下巻二七〇〇円］＋税

ラー文書
ドン・エルキンズ、カーラ・L・ルカート ジェームズ・マッカーティ 著
紫上はとる 訳
「惑星連合」からのメッセージ。現代に起こる可能性のある人類の〝収穫〟とは？ チャネリング文献の金字塔。
定価 本体二七八〇円＋税

フラワー・オブ・ライフ［第1巻／第2巻］
ドランヴァロ・メルキゼデク著
［第1巻］脇坂りん 訳
［第2巻］紫上はとる 訳
私たち自身が本当は誰なのかを思い出し、新たな意識と新人類到来のトビラを開く！ 宇宙の神秘を一挙公開。定価 本体［第1巻 三四〇〇円／第2巻 三六〇〇円］＋税

お近くの書店、インターネット書店、および小社でお求めになれます。